Nachhaltigkeit

Über Wissen und Willen die Umwelt schützen

Band 9 aus der Serie

«Philosophie und Bildung»

Copyright und Design:

Michael von Känel

Verlag:

www.denkmalnach.ch

Inhalt

1 Einleitung

Nachhaltigkeit ist ein Modewort, das abgedroschen ist und oft schon fast nervt.

Dieses Buch nimmt die Herausforderung an, der Nachhaltigkeit als eine Art höheres Ideal eine Argumentationsbasis zu erschaffen, die fundiert ist und überzeugen kann.

Natürlich muss dies auf anderem Wege geschehen als über Augenwischerei, Verblendung und das Aufheben des Warnfingers. Denn wenn der Mensch etwas nachhaltig angehen soll, dann schafft er dies nur über seine innere Überzeugung. Und weil innere Überzeugung Sinnhaftigkeit, Wissen und Ideale als Grundlage braucht, sollen diese Bereiche in diesem Büchlein hier besonders thematisiert werden.

Was nützt es, für Umweltschutz oder Nachhaltigkeit zu leiden, wenn man das Problem der Verhältnismässigkeit nicht durchschaut hat? Wo liegt der Unterschied zwischen Wirksamkeit und Lippenbekenntnissen? Was ist der Unterschied zwischen Werbung mit grünen Labeln und wahrem ökologischem Verhalten?

Wer über Nachhaltigkeit, Umweltschutz, sein Verhalten und die Mechanismen unserer Gesellschaft nachdenkt, der erschafft sich dadurch eine Basis, auf die er abstellen kann und die es ihm ermöglicht, Schlüsse zu ziehen und zu argumentieren.

Beides ist äusserst wichtig, wenn man Nachhaltigkeit anstrebt. Denn Nachhaltigkeit kann nur von uns ausgehen, nicht von den andern. Wenn alle warten, dass der andere anfängt und es vormacht, dann kann Mutter Erde noch lange Klageschreie ausstossen, erhören tut sie keiner.

Der einzige Weg, Nachhaltigkeit herbeizuführen und zu leben, ist, dass man selbst einen Weg einschlägt, der nachhaltig ist. Nachhaltigkeit bedeutet, dass etwas zur inneren Überzeugung wird, und dass es gleichzeitig Sinn macht. Denn alles andere kann sich nicht halten, und hält darum nicht lange an. Und so zerbricht der nachhaltige Ansatz.

Also, diese Büchlein hier versucht über Wissen, Fakten und Wirkungsansätze zu helfen, seine eigene Überzeugung bilden zu können, auf dass man bewusst und sorgsam durch sein Leben geht. Das bedeutet nicht, dass man auf alles verzichtet und für etwas leidet, was einem am Herzen liegt. Nein, Nachhaltigkeit hat mit einer Lebenshaltung zu tun, die dabei mithilft, sich selbst in seiner Persönlichkeit zu entwickeln und gleichzeitig seinen eigenen Charakter in positiver Weise zu verändern. Denn Nachhaltigkeit birgt für uns Menschen eine riesige Chance in sich. Es handelt sich um die Möglichkeit, den immerwährenden Wert der Dinge erkennen zu lernen.

Wer die Dinge schätzt, und wer in Demut dankbar ist, für was er hat, der ist nachhaltig unterwegs. Denn was geschätzt wird, wirft man nicht mir nichts dir nichts weg. Nein, man trägt Sorge dazu und reicht es sogar weiter, um andern damit eine Freude zu machen oder zu helfen. Und so erkennen wir, dass Nachhaltigkeit viel mehr mit Haltungen, Idealen und Charaktereigenschaften zu tun hat, als mit all den Bemühungen, bei Konsum, Mobilität und Freizeit ständig auf den ökologischen Fussabdruck zu achten.

Eigentlich ist es wie bei der Ernährung: Wer sein Übergewicht nachhaltig in den Griff bekommen will, der schafft dies nicht mit kurzen Diäten. Er schafft es nur über eine andere Einstellung zum Essen.

Wer Nachhaltigkeit im Sinne von Umweltschutz und ökologischem Verhalten anstrebt, der wird nicht «grün», indem er mal auf eine Flugreise verzichtet oder Geld für eine CO_2-Kompensation zahlt. Nein, nur die innere Überzeugung kann auf lange Sicht wirken und so dem, was unserer Beachtung und unseres Schutzes bedarf, Luft und Erholung verschaffen.

Wir sehen, es gibt vieles zu ergründen zum Thema Nachhaltigkeit. Und wir wollen damit beginnen, dass wir den Begriff selbst mal untersuchen.

2 Was ist Nachhaltigkeit?

Wenn jemand einen Baum pflanzt, damit Werbung macht und die Sache danach für ihn erledigt ist, der handelt nicht nachhaltig. Denn ein Baum braucht Pflege, sonst geht er ein.

Dieses Beispiel zeigt, dass es einen Unterschied zwischen einer simplen Aktion und einer überlegten, langfristig angelegten Handlungsweise gibt.

Hier sind sowohl Bedeutung als auch Wirkung von Nachhaltigkeit zu suchen und zu finden. Nachhaltig ist etwas, wenn es lange währt – wenn es im Idealfall ohne künstliche Unterstützung von selbst bestehen bleibt.

Wenn eine Unternehmung also in einem Entwicklungsland Hilfe leistet, dann sollte diese Hilfe nicht aus einer Nahrungslieferung bestehen. Denn eine solche Hilfestellung ist nicht nachhaltig, im Gegenteil. Einerseits macht diese Lieferung den heimischen Nahrungsmittelmarkt kaputt, indem sie die einheimischen Produkte konkurrenziert. Andrerseits führt sie bei der Bevölkerung zu einer falschen Haltung. Wer kriegt, ohne dafür etwas tun zu müssen, der gibt seine Selbstwirksamkeit und damit auch seine Selbstverantwortung aus der Hand und begibt sich in Abhängigkeit. Wer mal in Abhängigkeit ist, der wird träge und hat es schwer, sich über aktives Handeln wieder ins Spiel des

Lebens zu bringen. Nachhaltige Hilfe muss also unbedingt eine Hilfe zur Selbsthilfe sein. Indem zum Beispiel Wissen in Form von Ausbildungen, Anbautechniken oder wirtschaftlichen Möglichkeiten vermittelt wird, kann dazu beigetragen werden, dass die Menschen vor Ort ihre eigene Existenz aufbauen können. Wenn sie diese Chance nutzen, dann war die Hilfe nachhaltig. Wenn nicht, dann müssen wir dies auch akzeptieren. Eben, weil Nachhaltigkeit nur über innere Überzeugung heraus entstehen kann.

Also: Nachhaltig wird etwas, wenn es ohne Unterstützung von aussen bestehen bleiben kann und wirksam bleibt.

Aber in unserem Sprachgebraucht hat Nachhaltigkeit eben auch noch eine andere Konnotation. Wenn etwas nachhaltig ist, so verstehen wir darunter, dass es ist und wirkt, ohne übermässig Ressourcen zu verbrauchen, der Umwelt zu schaden oder sonst auf eine Weise negativ zu wirken, so dass die Tragbarkeit dieser Sache infrage gestellt werden muss.

Nachhaltigkeit ist also etwas, was besteht und wirkt, ohne die allgemeingültige goldene Regel zu verletzen. Es besteht und wirkt, ohne andere Lebewesen oder die Umwelt zu schädigen, sie in ihrer Freiheit einzuschränken oder sie in ihrer Integrität zu verletzen.

Wir erkennen, dass Nachhaltigkeit eigentlich sehr hohe Anforderungen an ethisch moralische Haltungen stellt. Und somit steht hinter Nachhaltigkeit eben mehr als nur ein blendendes Lippenbekenntnis über Werbung.

Wer Nachhaltigkeit anstrebt, der sollte sich unbedingt über Ursache und Wirkung der Dinge Gedanken machen. Denn wird das nicht getan, so kann bei einer Aktion irgendetwas herauskommen. Und wenn die Folgen nicht abschätzbar sind, ist die Gefahr gross, dass jemandem dadurch Schaden entstehen könnte. Das ist weder gut, noch ist es im Sinne der Nachhaltigkeit. Denn wenn etwas aus kurzfristigem oder mangelhaftem Denken heraus entsteht, kann es meist keinen Bestand haben, weil es sich in der Realität weder bewährt noch das Recht dazu hat zu bestehen, da es einschränkt, zerstört oder verletzt.

Nachhaltigkeit dürfte also eine Art Ideal sein, was wir Menschen anstreben. Es ist eine Art des Handelns, ja, eine Art des Lebens selbst, die in vielfältiger Hinsicht versucht, den Fussabdruck von uns Menschen in einem für unser Umfeld ertragbaren Masse zu halten.

Und das führt uns zum nächsten Kapitel. Dieses Kapitel dürfte uns helfen, über den Begriff Nachhaltigkeit und seine Bedeutung hinaus zu verstehen, weshalb Nachhaltigkeit überhaupt von Bedarf ist.

3 Der Fussabdruck des Menschen

Wir Menschen verfügen über einen physischen Körper und haben somit zwangsläufig die Aufgabe, diesen zu erhalten. Tun wir es nicht, so sind wir in unserer irdischen Existenz bedroht.

Wer also leben will, der muss atmen, essen, trinken und sich in einem Umfeld aufhalten, welches eine gesunde Lebensweise ermöglicht. Andernfalls nimmt eben unser physischer Körper Schaden, was zu Einschränkungen oder gar zum Tod führen kann.

Diese Tatsache zeigt uns auf, dass wir Menschen von unserem Wesen her, oder man könnte auch sagen von der Schöpfung her gewollt, dazu gezwungen sind, mit all dem, was uns umgibt, zu interagieren. Es geht nicht anders, wenn wir unser irdisches Leben leben wollen.

Mit dieser Tatsache geht aber auch zwangsläufig einher, dass wir aufgrund unserer Existenz bei allem, was wir tun, unseren Fussabdruck hinterlassen. Auch das geht nicht anders.

Also ist das Einzige, was wir tun können, wenn wir Nachhaltigkeit anstreben wollen, immer darauf zu achten, dass unser Fussabdruck möglichst klein bleibt. Daran, DASS wir einen Fussabdruck hinterlassen, können wir nichts ändern. Aber wir können selbst Einfluss darauf nehmen, WIE wir unseren Fussabdruck hinterlassen. Wenn wir mit zu grossen Füssen auftreten, dann zerdrücken und verdrängen wir anderes Leben und andere Existenzen. Und das würde den Regeln der Nachhaltigkeit zuwiderlaufen.

Natürlich gibt es einen ganzen Katalog von Dingen, die man tun kann, um seinen Fussabdruck klein zu halten. Aber wer Dinge nur tut, ohne zu wissen, warum er sie tut, der steigert sich dadurch früher oder später in ein Vakuum hinein. Denn sich immer einschränken zu müssen, ohne genau zu wissen warum, dass nagt an der Motivation und somit auf die Dauer auch an der Überzeugung. Wer nicht mehr motiviert und auch nicht mehr überzeugt ist, der lässt ab von dem, was er getan hat, weil ihm die Sinnhaftigkeit im Unterfangen selbst fehlt.

Also sollten wir besser nicht damit anfangen, auf alles Mögliche zu verzichten, nur um ein besseres Gewissen zu haben. Was nützt uns ein gutes Gewissen, wenn wir leiden und somit unser Leben nicht geniessen können? Macht es überhaupt Spass, so zu leben, wenn unser Leben nur aus Verzicht besteht? Und ist ein solches Leben von der Schöpfung her für uns gewollt?

Über obenstehende Fragen kommen wir der Motivation dieses Buches langsam auf die Spur: Es geht darum, dass wir einen Weg finden, wie wir unseren Fussabdruck klein halten können, und gleichzeitig dabei glücklich leben können.

Nein, wir wollen dies nicht mit Selbstüberlistung erreichen und uns etwas vormachen! Wir möchten es über eine Handlungsweise erreichen, die einer Einstellung entspringt, die überzeugt!

Und so kommen wir vom Handeln zum Denken. Nur wenn wir uns unsere Gedanken über Sachverhalte wie den der Nachhaltigkeit machen, können wir das erreichen, was uns zum Ideal werden und uns als Leuchtturm dienen kann. Wir müssen in unserem Geist einen Lösungsweg finden, um diesen in der Realität gehen zu können.

Und so führt der Zwang, seinen eigenen physischen Körper erhalten zu müssen dazu, dass wir das physisch Materielle mit dem Geistigen verbinden, was uns zu dem machen hilft, was wir sind: Wir sind Seelen, die in einem physischen Körper leben dürfen, die aber auch denken und fühlen können. Und nicht nur das! Wir können auch die Zusammenhänge zwischen Ursache und Wirkung ergründen, was es uns ermöglicht, selbst Dinge zu erfinden und zu erschaffen.

Dass wir all diese Möglichkeiten auf nachhaltige Weise nutzen lernen, das ist die Herausforderung unseres Lebens. Es ist womöglich der Grund unseres Daseins auf Erden. Denn nur wer erkannt hat, dass er nicht alles tun sollte, was er tun kann, bekommt – in religiösem Sinne formuliert – die Möglichkeit, in den

Himmel zu kommen. Wer wütet, ausnutzt und schadet, der kommt in die Hölle.

Der Autor will nicht christlich religiöse Dogmen unterhalten und verbreiten. Er will nur über die Begrifflichkeiten von Himmel und Hölle nur andeuten, dass Nachhaltigkeit dabei helfen kann, eine Lebensweise zu entwickeln, die vom Irdischen weg dem Himmlischen zustrebt. Und jeder von uns weiss ja, was am Ende unseres Lebens aufwartet: Es steht eine Loslösung vom Irdischen an. Und diese Loslösung dürfte sich einfacher erreichen lassen, wenn man dies mit guten Gewissen und reinem Herzen tun kann.

Aber lassen wir diesen Ansatz stehen und kommen wir zurück zu dem, was dieses Kapitel uns aufzeigen konnte: Wer anerkennt, dass er zum Erhalten seines physischen Körpers auf materielle Dinge angewiesen ist, und wer erkennt, dass er sich diese Dinge auf nachhaltige oder weniger nachhaltige Weise beschaffen kann, der erhält dadurch eine Art Wegweiser, der ihm hilft, sein Leben aufgrund einer persönlichen Einstellung und Überzeugung zu leben. Und dieser wiederum liegen eben Überlegungen zugrunde, die zu Werthaltungen und sogar Idealen werden können und dabei helfen, sich selbst in seiner Persönlichkeit und in seinem Charakter zu entwickeln. Und so wird dann ersichtlich, warum dieses Buch hier in der *Buchreihe «Philosophie und Bildung»* erscheint, und wie es sich hervorragend in das «*Gesamtwerk 1*» des Verlages denkmalnach.ch einreiht, wo es um Selbstermächtigung geht, die nicht auf Nehmen, sondern auf Geben basiert.

Aber wenn dieses Buch hier halten will, was es verspricht, dann muss es Ansätze liefern. Das nächste Kapitel versucht dies zu bewerkstelligen.

4   Der Lösungsansatz

Es gibt einen Ansatz, der hört sich paradox an. Aber jeder, der auf achtsame Weise durchs Leben geht, kann Beispiele nennen, wo dieser Ansatz sich bewahrheitet. Er lautet simpel und einfach: **«Weniger ist mehr!»**

Vielleicht könnte man das Gefühl haben, es gehe hier um ein Geheimnis, oder gar um ein unerklärbares Mysterium.

Nein. Es geht einfach um eine andere Art der Betrachtung von Sachverhalten.

In unserer kapitalistisch geprägten Haltung wird alles in Geld gemessen. Das ist nicht eine Verfehlung unsererseits. Es ist einfach eine Prägung, die wir von klein auf erhalten haben, weil wir in diesem Gesellschaftssystem leben.

Wenn wir nach jedem Unterfangen Kassensturz machen und schauen, ob mehr oder weniger Geld da ist, dann funktioniert der Ansatz «weniger ist Mehr» natürlich nicht.

Wenn wir aber andere Messkriterien und Massstäbe ansetzen, so erkennen wir schnell, dass sich dieser Ansatz fast immer bewahrheitet. Beispiel gefällig?

- Wenn jemand biologisch angebaute Lebensmittel aus nachhaltiger Landwirtschaft isst, dann gibt er mehr Geld aus und bekommt dafür weniger

Essen. Dafür sind solche Lebensmittel geschmacklich besser. Und weil sie gesünder sind und auch bewusster konsumiert werden, wirken sie langfristig positiv auf die Gesundheit, die Vitalität und somit auch auf die Lebensfreude. Wir erkennen, dass jemand, der weniger, dafür bewusster und gesünder isst, auf diverse positive Effekte zählen darf, die dazu führen, dass er am Schluss mehr hat als vorher. Aber er hat eben nicht mehr Geld, sondern mehr von dem, was das Leben ausmacht.

- Wenn jemand einen Nachmittag frei nimmt und nicht arbeiten geht, so verdient er weniger. Dafür kann er in dieser Zeit etwas tun, was ihm oder jemand anderem guttut. Er kann zum Beispiel mit seinem Kind sinnvoll Zeit verbringen, was beidseitig zu Verbindung und guten Erinnerungen führt. Wenn dadurch die Beziehung zum Kind gefestigt werden kann und so die Grundlage für viele schöne Interaktionen im späteren Leben erschaffen wurde, so ist das weit mehr wert als der Verdienst eines Nachmittages in Form einer Gehaltszahlung.

- Wenn jemand ruhiger durchs Leben geht, sich mehr Zeit für sich und für seine Erholung nimmt, dann hat er weniger Zeit, um die Dinge zu tun, die er tun muss. Dafür aber findet er zu sich selbst und kann über die Ruhe und Erholung zu seiner physischen, emotionalen und mentalen Bestform finden. Jemand, der in Bestform ist, kann nicht nur positiv denken und sich so motivieren. Nein, er ist auch jederzeit leistungsfähig, effizient und leistet gute Arbeit. Und so zeigt sich, dass in der Ruhe nicht nur die Kraft, sondern auch die Effizient liegt. Wer weniger oft etwas tut, dafür mehr leisten kann, wenn er etwas anpackt, der hat gleich in vielerlei Hinsicht mehr.

Wir könnten noch mehr Beispiele bringen zum Ansatz «weniger ist mehr». Aber wir behandeln ja in diesem Buch das Thema Nachhaltigkeit. Und darum wollen wir den genannten Ansatz in Bezug mit dem designierten Thema setzen:

«Mehr, schneller, besser!» Das ist der Wahlspruch unserer Zeit. Aber wir irren uns, wenn wir ihm Glauben schenken!

Wenn immer mehr angestrebt wird, woher soll dann das Mehr kommen? Und wenn immer schneller, dann braucht das ja auch immer mehr, weil in der gleichen Zeit mehr verbraucht wird oder geliefert werden muss. Und wenn immer besser, dann ist diese Qualitätssteigerung in den meisten Fällen mit mehr Aufwand und mehr Ausschuss verbunden. Und so nimmt das Mehr exponentiell zu, was unter dem Strich dazu führt, dass mehr nur für den Finanzboss mehr ist. Für alle anderen Involvierten ist mehr aber weniger.

Wir sehen, dass von oben herab gesehen mehr wirklich zu mehr führt. Aber eben auf Kosten der Kleinen.

Wer die Sachlage von unten her betrachtet, eben aus den Augen der Arbeiter, der Mittellosen oder der Aussenseiter, der erkennt, dass das Mehr immer zu Weniger führt.

Wir müssen uns nichts vormachen. Wir sind unten. Und solange wir glauben, was diejenigen sagen, die uns befehlen, helfen wir mit, nach dem Prinzip «immer mehr, schneller und besser» zu funktionieren. Das schadet uns. Aber nicht nur das; es lässt uns auch kurzfristig denken und handeln, was unserer Nachhaltigkeit schadet.

Wenn wir es uns aber selbst wert sind, dass wir auf den Ansatz «weniger ist mehr» achten dürfen, dann stellen wir schnell fest, dass wir uns in mancher Hinsicht geirrt haben. Denn das, was wir haben, reicht viel weiter, als dass man uns glauben lässt!

Was brauchen wir den schon, um zu überleben? Die Dinge, für die wir am meisten Geld ausgeben in unserm Leben, gehören nicht dazu. Wir glauben nur, sie seien wichtig, weil man uns immer glaubhaft machen will, dass diese Dinge wichtig seien. Aber genau diese Dinge, für die wir in unserem Leben am meisten Geld ausgeben, sind sehr oft auch nicht nachhaltig.

Wenn wir also den Ansatz «weniger ist mehr» als Orientierungshilfe annehmen, so erkennen wir, dass wir viel mehr haben, als wir glauben. Und wir haben auch mehr, als wir bräuchten. Wenn wir das erkennen, dann können wir, ohne zu leiden oder uns einschränken zu müssen, problemlos mit weniger zurechtkommen. Wer weniger verbraucht, der hinterlässt automatisch einen kleineren Fussabdruck. Und wer einen kleineren Fussabdruck hinterlässt, ist nachhaltiger unterwegs.

Also, eigentlich wäre der Einstieg in eine nachhaltige Lebensweise ganz einfach: Man braucht nur zu erkennen, was man schon alles hat, und schon sieht man genug und verbraucht dadurch weniger.

Ja, sicher, ein Rätsel, wenn man es nicht selbst ausprobiert hat. Aber es funktioniert. Und wer das gemerkt hat, der wird noch viele andere Rezepte entdecken, die zu einer nachhaltigen Lebensweise führen. Aber eben nicht nur das. Es dürfte auch der Weg sein, der zum Glück im Leben führt. Denn wer genug sieht, der rennt nicht mehr einer Schimäre hinterher. Und wer nicht mehr rennt und hastet, der hat Zeit *«to stand and stare»*. Wer Zeit hat zu verweilen, der findet das, wonach ihm dürstet. Dem ist so, weil uns in unserem Leben gegeben wird, was wir brauchen. Wäre es nicht so, so wäre die Menschheit schon längst verhungert, ausgestorben und vergangen.

Nachhaltigkeit hat mit weniger zu tun. Denn weniger ist meist genug. Mehr aber nimmt andern weg. Und wem weggenommen wird, der leidet Mangel. Und Mangel führt zum Bedürfnis nach mehr. Und so geraten wir in den Teufelskreis des ständigen Nehmens. Wer aber nach dem Grundsatz lebt, dass weniger mehr ist, der begibt sich dadurch in eine Positivspirale, die das Geben erlaubt, weil man ja immer noch genug hat.

Würden wir Menschen das teilen, was wir haben, so hätten alle das, was sie bräuchten. Es bräuchte nicht ständig mehr – und das wäre der Beginn aller Nachhaltigkeit…

5 Ressourcen

Nachhaltigkeit ist eng mit dem Verbrauch von Ressourcen verbunden. Je mehr Ressourcen verbraucht werden, je mehr leidet die Nachhaltigkeit. Denn jeder Verbrauch von Ressourcen lässt unseren Fussabdruck anwachsen.

Wer also weniger verbraucht, der ist bereits nachhaltig. Dass er durch einen geringeren Verbrauch exponentiell nachhaltig ist, das wird aus dem nächsten Kapitel ersichtlich, wo es um *graue Energie* geht. Hier aber wollen wir der Nachhaltigkeit in Bezug auf Ressourcen noch eine grössere Reflexionsbasis verschaffen.

Wer einfach verbraucht, was da ist, der vergisst leicht, dass alles seinen Preis hat. Wenn das Essen im Regal im Supermarkt liegt, wenn das Wasser aus dem Wasserhahn fliesst, wenn es wärmer wird, wenn wir die Heizung aufdrehen, und wenn wir über Onlinedienste all das ins Haus liefern lassen können, was wir brauchen, dann vergessen wir schnell mal, was sich alles hinter der Sache verbirgt.

Kommt ein Produkt aus Übersee, und hat es einen langen Transportweg hinter sich? Wurde es unter Berücksichtigung gängiger Umweltschutzauflagen produziert oder nicht? Haben wir es womöglich mit Zwangsarbeit oder mit Raubbau zu tun?

All diese Fragen und noch mehr können nur wir uns stellen. Aber alles hat eben seinen Preis. Und wenn etwas sehr günstig ist, dann sollte uns das misstrauisch machen.

Im Folgenden werden ein paar bedeutende Ressourcen kurz thematisiert. Natürlich, man könnte zu jeder Ressource für sich ein Buch schreiben, (was der Autor teilweise schon gemacht hat). Aber wir wollen hier nur aufzeigen, dass man sich selbst über jede Sache Wissen aneignen kann, so dass man mehr weiss, und so besser verstehen kann, dass alles seinen Preis hat. Wenn man das erkennt, dann hilft das, aus Überzeugung, die auf Wissen basiert, sorgsamer und wertschätzender mit Ressourcen umzugehen.

Wasser – Es gibt Salzwasser, Süsswasser und Trinkwasser. Wir Menschen können fast nur das Trinkwasser nutzen. Aber von dem gibt es am wenigsten. Und dennoch gibt es genug davon. Dies aber nur, wenn wir nicht immer mehr davon verbrauchen. Wenn wir unser Geschäft mit Trinkwasser die Toilette runterspülen, dann ist das eigentlich eine Verschwendung. Wenn aber die Wassermenge über ein besseres Spülsystem pro Geschäft um fast die Hälfte reduziert werden könnte, warum wird das denn nicht getan? In den USA liessen sich Millionen von Litern Trinkwasser sparen, wenn bei Neuinstallationen nur noch das europäische Spülsystem verwendet würde. Aber das nur so als Beispiel.

Für uns ist wichtig, dass wir immer daran denken, dass täglich viele Menschen, vor allem Kinder, an schlechtem Wasser sterben, oder sogar aufgrund von Wassermangel verdursten. Wenn wir dieses Wissen im Hinterkopf behalten, dann schätzen wir es umso mehr, dass wir genügend und qualitativ gutes Trinkwasser zur Verfügung haben. Wasser kommt einfach so aus dem Wasserhahn. Wir können dies als selbstverständlich erachten, oder aber wir können dankbar dafür sein. Wer dankbar dafür ist, der verhält sich automatisch nachhaltiger. Mehr braucht es nicht.

Der Autor durfte mal die Trinkwasserversorgung eines Dorfes besichtigen. Es ist ganz simpel, ein Trinkwasserreservoir zu bauen und zu betreiben. Denn Wasser fliesst ja von selbst. Aber zu erkennen, was alles davon abhängt, ist eindrücklich. Der Autor hätte Krankheitserreger ins Sammelbecken geben und so die Gesundheit mehrerer tausend Leute gefährden können. Er hätte aber auch staunen können, dass dieses Dorf pro Minute tausend Liter Trinkwasser verbraucht. Er hätte dankbar sein dürfen dafür, dass mehr als genug Wasser in bester Qualität aus den Quellen oberhalb des Reservoirs nachfliessen, also so viel, dass es auch noch für den Dorfbach und die Bachforellen, die darin leben, reicht.

Wasser ist einer der wichtigsten Bausteine des Lebens. Wer mit ihm sorgsam umgeht, der ist bereits nachhaltiger unterwegs. Wasser hilft aber auch in mancherlei anderer Hinsicht, ein besseres Leben zu führen. Wer mehr darüber erfahren möchte, dem sei das Büchlein *«Die Wirkung von Wasser auf unsere Gesundheit – Wie Wasser nicht nur unseren Durst stillt»* empfohlen.

Luft – Man kann sich darüber streiten, ob Luft eine Ressource ist, denn sie ist einfach da. Und solange Luft nicht verschmutzt wird, reicht sie auch aus für alle Lebewesen auf Erden. Aber sie wird eben verschmutzt. Und so wird an manchen Orten gute Luft zur Mangelware.

Ist es nicht Wahnsinn, dass wir Menschen über unser unreflektiertes Verhalten das zur Knappheit werden lassen, was wir am Dringendsten zum Überleben benötigen?

Luft enthält Sauerstoff. Und alles auf Erden kann nur leben, weil es eben diesen Sauerstoff zur Verfügung hat. Ein Leben auf einem anderen Planeten ist für uns Menschen niemals nachhaltig, weil es nach heutigem Wissensstand keinen Planeten gibt, wo wir Menschen ohne künstliche Massnahmen atmen könnten.

Luft zeigt uns also auf, dass wir Menschen hier auf Erden an einem einzigartigen Ort leben dürfen. Diese Erkenntnis wäre – logisch betrachtet – Grund genug, um in jedem Falle nachhaltig mit Ressourcen umzugehen und ihren Schutz vor wirtschaftliches Profitdenken zu stellen.

Aber was tun wir Menschen? Wir sind uns oft nicht einmal bewusst, wie bedeutsam Luft für uns ist. Erst wenn wir in eine Grossstadt reisen, wo die Luftqualität miserabel ist, so dass wir Atemnot leiden und die Angst vor dem Ersticken erfahren müssen, stellen wir fest, dass Umweltvorschriften eben doch ihre Ursache und ihren Nutzen haben. Aber in unserer Grossstadt mit schlechter Luft ist die Luft eben vielleicht so schlecht, weil dort keine Umweltschutzvorgaben eingehalten werden, damit die Waren, die wir bei uns günstig kaufen können, eben so günstig sind…

Alles, was wir tun, führt zu einem Fussabdruck. Manchmal hinterlassen wir diesen Fussabdruck an einem Ort auf der anderen Seite der Weltkugel, von dem wir gar nichts wissen.

Nun, wir können mit der Ressource Luft nicht sparsam umgehen. Wir können nur bewusst damit umgehen. Vielleicht hilft die Lektüre des Büchleins *«Die Wirkung von guter Luft auf unseren Körper – Wie frische Luft uns beflügelt»* dabei weiter.

Nahrung – Foodwaste ist in aller Munde, solange Nachhaltigkeit das Thema ist. In der täglichen Praxis aber sieht es sehr schnell anders aus. Wir selbst wissen, wie rasch der Mensch dazu neigt, seinen Teller nicht auszuessen und stattdessen etwas anderes zu bevorzugen, was besser schmeckt.

Nun, wir haben es hier immer auch mit Verhältnismässigkeit zu tun. Denn Foodwaste ist ja auch deshalb ein Problem, weil ein Drittel der weggeworfenen Lebensmittel gar nie ins Verkaufsregal kommt, sondern schon vorher weggeworfen wird. Was spielt da die halbe Portion Mittagessen noch für eine Rolle, die wir in den Mülleimer schmeissen?

Wenn wir mit Verhältnismässigkeit argumentieren, dann sollten wir dies konsequent tun. Und wir sollten eben auch längerfristig denken. Und wenn wir das tun, dann stellen wir fest, dass eben auch unser Verhalten zählt. Denn wer täglich eine halbe Portion Essen wegschmeisst, der wirft in seinem Leben die Hälfte von der Nahrung weg, die er selbst gegessen hat. Wenn wir dies auf die 8 Milliarden Menschen hochrechnen würden, die auf der Erde leben, dann bräuchte es Nahrung für 12 bis 13 Milliarden Menschen, anstatt «nur» für 8. Und da reden wir von tausenden von Lastwagenladungen Nahrung täglich.

Also, wir selbst tragen irgendwie auch Verantwortung in Bezug auf die Ressource Nahrung – eben gerade deshalb, weil wir täglich davon abhängig sind.

Aber die Ressource Nahrung ist eben tückisch: Wenn wir zum Beispiel eine Nahrungskalorie Fleisch wegwerfen, dann können wir im Vergleich dazu mindestens 9 Kalorien Getreide oder Gemüse wegwerfen. Denn damit Fleisch entstehen konnte, hat ein Rind Futter gefressen. Diese Tiernahrung könnte je nach Art auch ein Mensch essen. Und so erkennen wir, dass der Verarbeitungsgrad und die Art der Nahrung ebenfalls stark mit dem Thema Ressourcen zusammenhängt. Und so wird insgesamt ersichtlich, dass unsere Ernährung mit Nachhaltigkeit und mit Wissen darüber sehr viel zu tun hat. Und wohl auch deshalb hat der Autor ein Büchlein über Ernährung und diverses Hintergrundwissen darüber verfasst. Es ist unter dem Titel *«Die Illusion wegessen – Überlegungen darüber, wie unsere Ernährung uns blendet»* zu finden.

Energie – Nein, über Energie in Form einer Ressource hat der Autor (noch) kein Büchlein geschrieben. Höchstens über Lebensenergie. Aber das tut hier nichts zur Sache.

Energie ist ein weites Feld. Man kann niemals alles darüber wissen. Und somit begnügt sich der Autor hier mit dem Hinweis, dass wir Menschen am meisten über Energie erfahren, wenn wir unseren eigenen Verbrauch mal etwas genauer analysieren.

Wer Statistiken konsultiert, die den Energieverbrauch von uns Westeuropäern aufzeigen, der erkennt, dass sowohl die Mobilität als auch das Heizen der Wohnungen in unseren Breitengraden mit Abstand am meisten Energie verbrauchen. Sie machen fast die Hälfte des Verbrauchs eines durchschnittlichen Familienhaushaltes aus.

Wer also auf Energiesparen aus ist, der verzichtet am besten auf Langstreckenflüge. Denn für eine Person wird auf einem Langstreckenflug so viel Kerosin verbraucht, dass man damit ein Jahr lang mit dem PKW fahren könnte. Oder man könnte damit sein Zuhause je nach dessen Energieeffizienz ein bis zwei Jahre lang heizen.

Solche Fakten zeigen uns auf, dass es zwar wünschenswert ist, wenn wir das Licht löschen, wenn wir dieses nicht mehr benötigen. Aber in der Verhältnismässigkeit gesehen, könnten wir es auch brennen lassen.

Aber so kommen wir dann zu einer anderen Tatsache: Nämlich dann, wenn wir für uns die grössten Energieverbrauchs-Bereiche im Griff haben, kommt es dann sehr rasch auf die kleineren Dinge drauf an. Wer zum Beispiel einen energieeffizienten Kühlschrank hat, der spart damit im Vergleich zu einem alten Gerät viel Energie. Man muss ja nicht immer mit den grössten Energiesündern weltweit vergleichen. Man kann ja auch mit dem durchschnittlichen pro Kopf Verbrauch in einem Entwicklungsland vergleichen. Und da wird schnell ersichtlich, dass der Klimawandel aufgrund des hohen Verbrauchs der westlichen Industriestaaten so schnell voranschreitet.

Wer bei der Ressource Energie mal nach Fakten Ausschau hält und sich dann seine Gedanken darüber macht, der erkennt, dass unser Bewusstsein in Bezug auf unseren ökologischen Fussabdruck im Energiebereich noch viel Erkenntnis nötig hat.

Tatsache ist, dass wir über ein reflektiertes Verhalten unsererseits viel Energie einsparen können, ohne dass wir uns in irgendeiner Weise einzuschränken bräuchten. Ein Beispiel dafür ist die «graue Energie», welche ja im nächsten Kapitel thematisiert wird.

Baustoffe – Wir Menschen wohnen in Behausungen, und um diese zu errichten, benötigen wir Baustoffe. Jeder Baustoff verbraucht eine bestimmte Menge Energie, bis er verbaut werden kann. Ein Kubikmeter Stahlbeton etwa verbraucht 1100 Kilowattstunden Energie, während ein Kubikmeter Massivholz etwa 330 Kilowattstunden verbraucht. Der CO_2-Ausstoss beim Stahlbeton ist dabei siebenmal grösser als bei Massivholz.

Dieses Beispiel zeigt uns auf, dass Bautätigkeit eigentlich nur gut durchdacht und im Hinblick auf Nachhaltigkeit erfolgen sollte.

Wenn nachhaltig und energieeffizient gebaut wird, so hat das einen grossen Einfluss auf unseren ökologischen Fussabdruck, da wir ja ein Leben lang wohnen.

Aber natürlich kommt auch der Ansatz «weniger ist mehr» bei den Baustoffen wieder zur Anwendung. Wer in einer kleinen Wohnung lebt, der verbraucht in allen Bereichen viel weniger Ressourcen als jemand, der eine grosse Erst- und noch zwei kleinere Zweitwohnungen hat.

Aber was ist das schon im Vergleich zu grossen Bauprojekten wie denen einer Autobahn oder eines Staudammes? Und so wird klar, dass jeder Fortschritt einen Fussabdruck hinterlässt, dem die Kleinen und Stillen, aber eben auch die kostbaren Ressourcen zum Opfer fallen.

Wir erkennen an den obenstehenden Beispielen, dass Nachhaltigkeit sehr viel mit der Art und Weise zu tun hat, wie wir leben, und wie die Gesellschaft funktioniert, in der wir leben. Je mehr wir verbrauchen, je grösser ist unser Fussabdruck. Aber je grösser ist eben auch unser Ressourcenverbrauch. Man kann sagen, dass für jeden Euro, den wir ausgeben, etwa eine Kilowattstunde Energie verbraucht wird. Daraus erfolgt, dass wir pro 1000 Euro, die wir nicht ausgeben, 1000 Kilowattstunden einsparen können.

So hilft uns Geld zu erkennen, dass «weniger wirklich mehr ist».

Wie das alles zustande kommen kann, ist für uns manchmal nur schwer begreiflich. Vieles hat damit zu tun, dass sich hinter den Dingen eben vieles verbirgt, wovon wir nichts wissen. Dazu gehört auch die graue Energie, um die es im Folgekapitel geht.

6 Graue Energie

Der Autor hat im Unterricht mit seinen Klassen jeweils ausgerechnet, wie viel Kerosin das Einfliegen eines Kilogramms Spargeln aus Peru verbraucht. Dies ist an und für sich ganz einfach zu berechnen: Man sucht auf dem Internet heraus, wie viel Kerosin eine Luftfrachtmaschine pro Stunde verbraucht. Dann sucht man nach der Flugzeit in Stunden, die eine solche Maschine von Peru bis nach Europa in der Luft ist. Dann kann man den Gesamtverbrauch an Treibstoff errechnen und diesen durch die maximale Transportkapazität des Flugzeuges dividieren. So erhält man den Spritverbrauch für ein Kilo Spargeln. Und dieser liegt momentan je nach Berechnungsdetails bei zwei bis drei Liter Kerosin.

Wer sich also mit Nahrungsmitteln aus Übersee ernährt, der verzichtet auf Nachhaltigkeit. Und schuld daran ist die «graue Energie». Graue Energie ist die Energie, die in einem Produkt oder in einer Dienstleistung steckt, damit wir dieses oder diese konsumieren können. Ohne graue Energie können insbesondere Industriegüter oder technische/digitale Dienstleistungen gar nicht erschaffen und angeboten werden.

Als weiterführende Übung hat der Autor dann die Schüler/innen darüber reflektieren lassen, in welchen Arbeitsschritten bei der Herstellung eines Produktes überall graue Energie anfällt. Ein Mädchen hat das

Beispiel von Schmelzkäse gewählt. Es hat herausgefunden, dass es für das Futter der Kuh, für das Melken, die Milchkühlung, den Milchtransport, die Käseherstellung, die Herstellungszutaten, die Reinigung der Anlagen, die Lagerung, die Verpackung, den Weitertransport des abgepackten Schmelzkäses, den Verkauf und den Heimtransport nach dem Kauf des Produktes überall Energie braucht.

Das ist erschreckend! Denn der Autor kennt Landwirte, deren Kühe fressen Alpwiesengras. Und die Milch wird vor Ort in der Alphütte zu Bergkäse verarbeitet. Dieser wird im Speicher, einer kleinen Holzhütte, ungekühlt gelagert und gepflegt und im Herbst direkt vermarktet.

Wenn wir den Unterschied des grauen Energieverbrauchs zwischen Industriekäse und traditionellem Alpkäse vergleichen, so stellen wir also enorme Unterschiede fest.

Daraus lässt sich erschliessen, dass alles regional Traditionelle viel nachhaltiger wäre als das, was uns von der Industrie her angeboten wird.

Wer sich in seinem Konsumverhalten also regional orientiert und die Nähe zum traditionellen Hersteller sucht, der ist sofort viel nachhaltiger unterwegs, selbst wenn er dasselbe Produkt konsumiert.

Aber das Geheimnis der grauen Energie geht eben noch weiter. Denn selbst hinter unserer eigenen Lebensweise verbirgt sich graue Energie. Und so wie beim Produkt auch, ist eine wirtschaftlich orientierte Lebensweise eben weniger nachhaltig, als eine alternative Art zu leben, die nicht auf Gelderwerb und Konsum aufbaut.

Wir müssten also nur weniger Geld ausgeben, und schon wären wir dem Ziel der Nachhaltigkeit einen grossen Schritt näher.

Aber das würde ja zu grossen Veränderungen in unseren Gewohnheiten, in unserem Alltag und unserem Leben selbst führen. Was würden wir mit der Zeit anfangen, die wir hätten, wenn wir weniger arbeiten würden? Und wie könnten wir trotzdem noch für unsere Verpflichtungen aufkommen, wenn wir weniger verdienten?

Nun, so wie man in eine Schuldenspirale geraten kann, kann man auch in eine Art Positivspirale aufgrund eines nachhaltigen Lebensstils kommen.

Damit diese aber erkannt werden kann, braucht es unsere Fähigkeit nachzudenken. Das nächste Kapitel versucht, dabei zu unterstützen.

Wir Menschen verfügen grundsätzlich über die Gabe des Denkens. Das ist ein grosses Geschenk. Und dieses Geschenk half nicht nur dem Höhlenbewohner, sich einen Handkeil als Werkzeug zu beschaffen und damit Nüsse zu knacken oder einen Holzstab zum Speer zu spitzen. Nein, das Denken ermöglicht uns auch heute noch die Möglichkeit, unser Leben selbst zu erschaffen.

Wenn wir denken, wir verfügten über keine Möglichkeit, unser Leben selbst zu erschaffen, dann kann uns unser Denken zumindest helfen, unser Leben zu verändern. Und der Gedanke der Nachhaltigkeit kann uns dabei in die richtige Richtung weisen.

Versuchen wir dies über ein Beispiel aufzuzeigen:

Wenn wir denken, dass unser Leben nicht so gut sei, wie das Leben der andern, dann ist das nicht ein Gedanke, sondern eher ein Gefühl. Indem wir jetzt aber über diesen Sachverhalt nachdenken, wird es uns möglich, genauer zu beobachten und zu analysieren. So erkennen wir womöglich, dass unser Leben im Vergleich mit konkreten anderen Personen gar nicht mal so schlecht ist. Denn wenn man das Gesamte betrachtet, so hat die eine Person von dem einen zwar mehr, dafür hat sie in einem anderen Bereich etwas nicht. Und so wird unser anfängliches

Gefühl, dass wir es weniger gut haben als andere, relativiert.

Wenn wir jetzt unser Denken auch noch dazu nutzen, nach all dem zu suchen, wo wir es gut haben, dann hilft das nochmals unsere Lebenssituation zu relativieren. Und wenn wir dies auf verschiedene Bereiche wie Lebensqualität, Ausbildung, Wissen, Persönlichkeitskompetenz und so weiter ausdehnen, so erkennen wir, dass wir doch über ein erstaunliches Potenzial verfügen, das wir nutzen können oder eben nicht.

Wer sein Potenzial erkennt und beschliesst es zu nutzen, der setzt auf etwas, was aus seinem Innern kommt. Alles, was aus uns selbst herauskommt, ist nachhaltig. Denn es verbraucht keine Ressourcen und ist auch nicht abhängig von anderen Menschen oder von äusserlichen Dingen. Und so wird es uns über Persönlichkeitsentwicklung möglich, nicht nur unsere Selbstwirksamkeit und unsere Selbstbestimmung zu fördern, sondern auch ein Leben zu leben, das sich an höheren Werten wie Freiheit, Wahrheit oder Liebe orientiert. Und all diese Dinge entsprechen dem Grundsatz der Nachhaltigkeit. Denn sie helfen geben, nehmen selbst aber niemandem etwas weg. Und wohl deshalb ist dieses Büchlein hier ein wichtiger Teil des *«Gesamtwerkes 1»* des Verlages denkmalnach.ch. Denn es hilft aufzuzeigen, dass für uns so viel möglich wäre, ohne dass wir dafür Ressourcen verbrauchen und Lebensraum zu zerstören brauchen.

Wer über die Dinge in seinem Leben nachdenkt, der entdeckt tausende von Möglichkeiten, um etwas verbessern zu können. Wer reflektiert, dem fällt es leicht, sich jeweils für den richtigen Weg zu entscheiden und so sein Leben positiv zu beeinflussen, was in der Gesamtheit aller Dinge zwangsläufig zu einer positiven Veränderung führen muss.

Und weil diese Veränderung auf fundierter Reflexion basiert, ist sie nachhaltig in dem Sinne, dass sie dauerhaft ist, weil sie unserem Bedürfnis nach Sinnhaftigkeit entspricht und so zu überzeugen vermag.

Nachhaltigkeit, die wirklich nachhaltig ist, gründet also zu einem grossen Teil auf unserem Denkvermögen. Also unserer Fähigkeit, Dinge beobachten und analysieren zu können, um danach über Reflexion zu eigenen Schlüssen und zu Erkenntnis zu gelangen, die als wertvolle Grundlage für persönliche Entscheidungen genutzt werden kann.

All das führt zu einer nachhaltigen Lebensweise. Und eine solche Lebensweise führt zu nachhaltigem Vorgehen und Verhalten. Damit geht automatisch der Ansatz «weniger ist mehr» einher. Denn wer seine Schwerpunkte von äusserlichem Konsum auf innere geistige Tätigkeit verlagert, der braucht sich im Aussen weniger abzumühen, um zur gleichen Zufriedenheit zu gelangen, wie wenn er das Glück im Konsum materieller Dinge sucht. Wir wissen ja: Alles wird im Mund zu Asche, wenn man es damit übertreibt, oder wenn es zur Gewohnheit wird.

Im Aussen holt uns der Überdruss viel schneller ein als in unserem Innern. Und darum bekommt es uns in allen Belangen gut, wenn wir lernen, uns in der geistigen Welt, also in der Welt der Gedanken zu bewegen.

Eine Schachtel Pralinen ist einfach eine Schachtel Pralinen. Sicherlich, unser Gaumen erfreut sich am Zucker, wenn wir eine Praline essen. Aber freuen wir uns nicht viel mehr, wenn wir die Pralinen von einer liebenswürdigen Person als Dank dafür geschenkt bekommen, dass wir für sie da waren? Oder bescheren uns die Pralinen nicht noch fast mehr Freude, wenn wir sie an jemanden verschenken, den wir lieben?

Es sind unsere Gedanken, die uns dabei helfen, die Dinge so zurechtzurücken, dass sie uns zu erfreuen vermögen. Und so gesehen führt positives Denken zu nachhaltigem Glück im Leben. Denn die Fähigkeit, selbstlos lieben zu können, bleibt für immer bestehen, solange wir leben und uns daran erfreuen. Sie ist nachhaltig, so wie sie auch alles andere ist, was wir als positiv erachten und was wir uns somit wünschen.

Aber auch wenn im Denken so viel Positives verborgen liegt. Wir können dieses nicht erreichen und für uns fassbar machen ohne Wissen. Denn unsere Gedanken benötigen ein Medium, in welchem sie sich bewegen können. Und dieses Medium ist eben das Wissen. Und daher, weil Wissen indirekt mit Nachhaltigkeit zusammenhängt, behandeln wir dieses Thema im nächsten Kapitel.

8 Wissen

Es gibt verschieden Arten von Wissen. Und Wissen kann über persönliche Erfahrung und die geistige Interaktion damit zu persönlicher Weisheit werden. Und irgendwie hängt Wissen auch mit Lernen zusammen. Also erstaunt es nicht, dass der Autor bereits mehrere Bücher in Zusammenhang mit dem Thema wissen geschrieben hat. (Wer das Titelverzeichnis des *Gesamtwerkes 1* durchgeht, der wird schnell fündig.)

Hier aber geht es um Wissen in Bezug auf Nachhaltigkeit. Und so haben wir es mit einer besonderen Art von Wissen zu tun.

Stellen wir uns vor, alle Menschen würden aus Überzeugung auf Nachhaltigkeit setzen, weil sie den inneren Wunsch verspüren, mit einem möglichst kleinen Fussabdruck durch ihr Leben zu gehen.

Was würden die Kapitalisten dazu sagen? Wie sollten die Politiker unser Land führen, wenn alle bisherigen Wirkungssysteme auf einmal ihre Gültigkeit verlieren würden?

Also ist es von diversen Stellen her nicht erwünscht, dass die Art von Wissen, die nachhaltiges Denken ermöglicht, für alle Mitglieder der Gesellschaft leicht zugänglich ist. Denn zum Beispiel die Manipulation über Werbung würde hinfällig, wenn Mensch über das Wissen verfügen würden, das ihnen eine

Denkweise ermöglichen würde, die sich an umfassender Nachhaltigkeit orientiert und somit auch den Ansatz «weniger ist mehr» verfolgen würde.

Wir erkennen, dass eine gewisse Art von Wissen nicht breitgeschlagen werden soll, damit die Dinge so bleiben, wie sie eben sind. Dies, weil sie so denen zum Vorteil gereichen, die vom Status quo profitieren, weil sie Geld und Macht haben.

Aber trotz dieses Umstandes handelt es sich bei diesem Wissen noch lange nicht um Geheimwissen. Nein, im Gegenteil, dieses Wissen liegt für den reflektierenden Menschen überall herum. Man braucht nur achtsam durchs Leben zu gehen, zu beobachten und über die gemachten Beobachtungen nachzudenken, und schon kommt man zu Erkenntnis, die das gesuchte Wissen beinhaltet.

Aber leider benötigt es eben viel Zeit, um achtsam zu werden und über Persönlichkeitsentwicklung die Fähigkeit aufzubauen, über die Dinge so nachdenken zu können, dass daraus das gesuchte Wissen entstehen kann. Und das wissen auch die Grossen und Reichen.

Und indem sie uns immer wieder weismachen, dass wir nur glücklich sein können, wenn wir all die materiellen Standards erreicht haben, die sie uns vorgeben, nehmen sie uns die Zeit dafür, in Ruhe zu beobachten und zu reflektieren. Stattdessen lassen sie uns im Hamsterrad rennen, um Geld zu verdienen, damit wir damit unsere Hoffnung erfüllen können, irgendwann mal den Luxus und die Annehmlichkeiten kaufen zu können, die die Voraussetzung dafür sind, glücklich zu können.

Und wegen dieser Irrvorstellung rennen wir im Hamsterrad immer schneller. Aber irgendwie nützt uns das nichts.

Im Hamsterrad zu rennen ist nicht nachhaltig. Sich Wissen zu erarbeiten, welches als Grundlage für nachhaltiges Denken wird jedoch schon. Und das ist die Motivation des Autors: Auch wenn er nur seine eigene Art zu denken und eine persönliche Sichtweise der Dinge weitergeben kann, so hat er doch über seine Bücher vieles gesammelt, zusammengetragen und logisch geordnet, was es dem Wissensdurstigen ermöglicht, sich in kurzer Zeit über Lektüre eine Wissensbasis zu erarbeiten, die nachhaltiges Denken ermöglicht. Für manche mag das der richtige Weg und ein lohnendes Ziel sein. Für andere nicht. Zum Glück gibt es Bücher, das freie Internet und die Menschenrechte, die uns freies Denken und Integrität zusichern, so dass jeder seinen eigenen Weg suchen darf, der ihn zum benötigten Wissen und so zu seinem persönlichen Lebensziel führen kann, was ihn hoffentlich sein Glück auf Erden finden lässt.

Wie dem auch sei. Tatsache ist, dass wir unseren Weg selbst finden müssen. Und wir müssen diesen Weg dann auch selbst gehen. Denn es nützt nichts, wenn wir nur in unseren Gedanken rumhängen, jedoch nichts davon durch aktives Handeln in die Realität umzusetzen versuchen.

Dies führt uns zu einer weiteren Herausforderung, die wir antreffen, wenn wir selbständig denken und uns so unseres eigenen Verstandes bedienen wollen: Alles, was sich in unserem Geist abspielt, ist nur theoretisch. Wenn wir es zu materialisieren wünschen, so müssen wir es hinunterbrechen, so dass es greifbar und dadurch in der Realität umsetzbar wird.

Und hier kommt uns dann wieder die Nachhaltigkeit zu Hilfe. Denn wenn wir bei unseren Umsetzungsversuchen die Gesetzmässigkeit der Nachhaltigkeit berücksichtigen, so haben wir viel die besseren Erfolgsaussichten, als wenn wir auf gut Glück ausprobieren.

Ausserdem ist alles, was nachhaltig ist ja dauerhaft und hat sich somit bewährt. Bewährtes kann uns als konkretes Beispiel dabei dienen, unsere theoretischen Gedanken fassbar zu machen, auf dass uns deren Umsetzung gelingt.

Und darum wollen wir im nächsten Kapitel anhand ein paar konkreter Ansatzbeispiel der Nachhaltigkeit

versuchen, einen gangbaren Weg für unser Verhalten
im Alltag zu finden.

9 Ansatzbeispiele

Es gibt nicht DIE Nachhaltigkeit schlechthin. Denn Nachhaltigkeit ist eine variable Grösse, die sich in vielen verschiedenen Bereichen in Form verschiedener Ansätze zeigen kann. Nachhaltigkeit ist also etwas Relatives und schwer Fassbares.

Aber wenn wir uns auf die Metaebene begeben, dann stellen wir fest, dass der Nachhaltigkeit immer die gleichen Grundsätze zu Füssen liegen. Und wenn wir diese Grundsätze als Ansatz für unser Denken, Fühlen und Handeln nutzen, dann begeben wir uns auf einen Weg, dem gute Erfolgsaussichten beschieden sind. Denn Nachhaltigkeit lenkt uns auf ihre Weise so zielsicher durch die zu meisternden Herausforderungen hindurch, wie es Tugenden in einem anderen Herausforderungsbereich auch tun.

Und darum sollen nachfolgend ein paar dieser Grundsätze thematisiert werden, auf dass diese erkannt und von der findigen Leserschaft als Ansatz für ihr nachhaltiges Vorgehen genutzt werden können:

Langfristigkeit – Während der Alltag, die Gesellschaft und somit auch wir selbst kurzfristig denken und handeln, geht es im erfüllten Leben um Langfristigkeit. Denn es gilt der Grundsatz «von nichts kommt nichts». Wenn wir also etwas erreichen wollen, was über dem liegt, was uns der Alltag zu bieten hat, dann müssen wir schon über längere Zeit an etwas dranbleiben, damit genügend Zeit zur Verfügung steht, damit daraus etwas erwachsen kann.

Dann, wenn wir längerfristig denken und uns über unsere Nasenspitze hinaus Ziele setzen, kann etwas entstehen, was nachhaltig wird. Denn wenn eine Sache gelingen soll, so müssen nicht nur die Vorzeichen dafür stimmen. Nein, viele tausend kleine Dinge müssen sich auf unser Vorhaben einstellen können, damit eine Veränderung möglich wird. Und darum ist es wichtig, dass wir den Mut nicht verlieren und an der Sache dranbleiben. (Es sei denn, wir erkennen selbst, dass wir uns in etwas verrannt haben und darum besser eine Kursänderung vornehmen).

Langfristigkeit fordert Geduld, Durchhaltewillen und positives Denken – also den Glauben an das Gelingen eines Vorhabens. Aber wenn bei uns modernen Menschen heute nicht innert weniger Tage oder Wochen ein Erfolgsresultat zu verzeichnen ist, dann denken wir schon, wir hätten uns getäuscht; und lassen dann von unserem Vorhaben ab.

Nun, Rom wurde auch nicht an einem Tag erbaut. Wenn wir etwas wirklich Wertvolles und Gehaltvolles anstreben, dann hat das eben seinen Preis. Und darum müssen wir uns langfristig ausrichten und der Sache Zeit geben, damit sie sich manifestieren kann. Als Lohn für all unsere Bestrebungen erhalten wir dafür dann aber etwas zurück, was dem Wesen der Nachhaltigkeit entspricht. Und darum lohnt es sich, auf Langfristigkeit zu setzen. Weil das Resultat seinen Wert nicht im kurzfristigen Erfolg, sondern über längere Zeit immer wieder ausschüttet. Lange Zeit immer wieder ein bisschen gibt mit der Zeit auch viel. Und alle grossen Dinge sind über die Zeit gewachsen, auf dass sie die Grösse erreichen konnten, die uns heute so beeindruckt.

Gesundheit – Gesundheit ist ein Geschenk, das dem zu Teil wird, der sich so verhält, dass seine Gedanken, Gefühle und sein Körper Heilung erlangen können.

Aber was alles gehört zu einem solchen Verhalten?

Wer gut zu sich schaut, wer sich selber so viel wert ist, dass er sich Zeit zur Erholung zugesteht, wer sich betätigt, um sein Potenzial zu nutzen und sich vielseitig zu trainieren, und wer auch bereit ist, auf energetischer Ebene für sich zu sorgen, der verhält sich in Bezug auf seine Gesundheit nachhaltig. Und dies lässt uns erkennen, dass ein gesunder Lebensstil mit all den Einzelbereichen, die dazu beitragen, in seiner Gesamtheit zu dem führt, was wir uns wünschen, damit es uns gutgeht und wir uns wohlfühlen: eben Gesundheit.

Nur wer die Grundsätze der Nachhaltigkeit im Umgang mit sich selbst anerkennt und berücksichtigt, kann Heilung erlangen und somit gesund werden, was ihn hin zu Gesundheit führt. Und so erkennen wir auch hier wieder den Ansatz der Langfristigkeit. Denn jedes Leiden und jede Krankheit ist das Resultat einer länger andauernden Verhaltensweise, die der Nachhaltigkeit zuwiderläuft.

Wer Nachhaltigkeit anstrebt, der erreicht das nur, wenn er mit sich selbst nachsichtig ist und entsprechend nachhaltig mit seinen Voraussetzungen und Möglichkeiten umgeht.

Glück – Es gibt kleines Glück und grosses Glück. Es gibt kurzes Glück und langes Glück. Es gibt materielles, irdisches Glück, oder es gibt geistiges, vielleicht sogar spirituelles Glück.

Auf was sind wir aus? Was wünschen wir uns? Wonach streben wir?

Wenn es für uns Glück bedeutet, dass wir ein ganzes Schwein auf einmal essen können, dann dürfte unser Anspruch nach Glück wenig nachhaltiger Natur sein. Wenn wir uns aber zum Beispiel am Glück anderer erfreuen können, dann entspricht Glück dem Ansatz der Nachhaltigkeit und wirkt darum anders, sehr wahrscheinlich viel umfassender und facettenreicher auf uns. Ausserdem erweitern wir so auch die Möglichkeit selbst, dass wir Glück erleben können. Denn wir können uns rein theoretisch mehrmals pro

Tag am Glück anderer erfreuen, während wir über Völlerei meist nur einmal eine kurzfristige Erfüllung finden, bevor aus dem Konsum dann eine Last wird, die negativ auf unser Wohlbefinden und langfristig nachteilig auf unsere Gesundheit wirkt.

Hochschwingendes, leichtfüssiges Glück anzustreben wirkt sich also nachhaltig auf unsere Lebensweise aus. Und wenn wir dann auf diese Weise Glück gefunden haben, dann währt dieses auch länger, als wenn wir auf kurzfristige Freuden setzen. Aber eben, ab dem gleichen Glück kann man sich immer nur einmal erfreuen. Danach muss man das nächste Glück suchen und anstreben. Wenn wir es aber schaffen, dass das gefundene Glück nachhaltig und längerfristig auf uns wirken kann, dann haben wir sicherlich schon mal mehr davon.

Zufriedenheit – Wir Menschen suchen immer nach emotionalen Höhepunkten. Denn diese, so glauben wir, machen unser Leben lebenswert. Und so setzen wir immer wieder alles auf eine Karte, zum Beispiel auf ein unvergessliches Hochzeitsfest.

Aber alles, was wir an emotionalen Sensationen suchen, kann uns nicht erfüllen, wenn wir nicht grundsätzlich eine Grundzufriedenheit in uns tragen, die aus einer positiven Denkweise und Lebenseinstellung entspringt.

Es lohnt sich also mehr, nach Zufriedenheit zu streben, als über Geld oder andere äusserlichen

Versuche einen emotionalen Höhepunkt zu «erkaufen», damit wir an den daraus hervorgehenden Gefühlsempfindungen erkennen dürfen, dass wir noch leben.

Aber wie kann man Zufriedenheit finden?

Wohl, indem man nach Dingen strebt, die den Grundsätzen der Nachhaltigkeit entsprechen. Und wohl auch, indem man sich an dem Kleinen und Selbstverständlichen zu erfreuen lernt; an den Dingen, die ohnehin schon da sind.

Zufriedenheit geht Hand in Hand mit Wertschätzung und Dankbarkeit. Und alle drei sind in ihrem Kern durch und durch nachhaltig. Wir gehen also kein Risiko ein, wenn wir sie als Ansätze für ein erfüllendes Leben beiziehen.

Liebe – Es gibt selbstbezogenen Liebe, Verliebtheit und selbstlose Liebe. Und natürlich noch viele Arten mehr.

Wir brauchen hier nicht lange zu werden, denn jede und jeder weiss für sich selbst, welche Liebe sie/er für sich wünscht: Es ist eine nachhaltige Liebe. Weil eine nachhaltige Liebe nicht nur nimmt, sondern auch gibt. Weil sie also nicht egoistisch, sondern selbstlos ist. Und weil sie nicht schmerzt, weil sie andauert, glücklich und zufrieden macht, und weil sie uns das gibt, wonach wir uns so sehr sehnen.

Wir sollten zur Nachhaltigkeit einer Liebe sehr gut Sorge tragen. Denn, sobald sie verlorengeht, verliert die Liebe das, was sie für uns kostbar macht.

Selbstlosigkeit – Alles, was selbstbezogen oder selbstsüchtig ist, orientiert sich am Nehmen, nicht am Geben. Wer aber nimmt, der verletzt damit die goldene ethische Regel. Wenn wir tun, was wir nicht wollen, dass es uns selbst angetan wird, sind wir nicht selbstlos, und verletzen somit einen der Aspekte der Nachhaltigkeit. Und daraus erfolgt, dass wir Nachhaltigkeit in all ihren positiven Auswirkungen auf uns nur erreichen und von ihr profitieren dürfen, wenn wir Selbstlosigkeit als Ideal anstreben. Und je selbstloser wir werden, je nachhaltiger sind wir unterwegs. Entsprechend erfüllend dürfen wir so von den Früchten des Lebens kosten.

Ethik und Moral – Nachhaltigkeit mit all ihren positiven Eigenschaften und Auswirkungen kann nur erreicht und erhalten werden, wenn sie den allgemeingültigen ethischen und moralischen Grundsätzen entspricht.

Leider wissen wir über Ethik und Moral meist nur wenig. Und daher wird es für uns schwierig, Nachhaltigkeit vollumfänglich anstreben zu können.

Wir tun also gut daran, wenn wir uns um ethische und moralische Belange Gedanken machen. Denn wir erschaffen uns dadurch die Grundlage, Nachhaltigkeit umfassender für uns nutzen zu dürfen.

Seelenheil – Was nützt uns all das Erreichbare auf Erden, wenn unsere Seele weint, weil sie leidet?

Wer sich Gedanken darüber macht, wie es um sein Seelenheil steht, der erkennt nicht nur, dass er eine Seele hat, sondern er tritt auch mit ihr in Verbindung.

Und wer in seiner Selbsterkenntnis so weit vorgedrungen ist, der kann für sich ganz neue Ansätze der Nachhaltigkeit entdecken. Denn wir sollen unsere nächsten Lieben, wie uns selbst. Uns selbst können wir nur über unsere Seele vollumfänglich lieben lernen. Also ist nachhaltiger Umgang in Bezug auf unser ureigenes Wesen selbst unabdingbar, um all die anderen Ansätze der Nachhaltigkeit auch gegen aussen hin nutzbar machen zu können.

Dienen und geben – Wer so weit fortgeschritten ist in seiner Charakterentwicklung, dass er die tieferliegende Bedeutung der Nachhaltigkeit zu erkennen beginnt, der löst sich von der Art zu leben, wie sie uns landläufig vorgelebt wird. Er fühlt tief in sich, dass nur nachhaltiges Verhalten erfüllend sein kann. Und er entdeckt dadurch auch das verborgene Wissen in seinem Unterbewusstsein, dass es der Weg ist, der nachhause führt, den wir Menschen suchen. Dieser Weg kann nur über die Bereitschaft gefunden und begangen werden, anderen zu dienen und zu geben. Denn nur diese Art von Verhalten ist langfristig nachhaltig – weil es die Menschheit als Ganzes voranbringen hilft.

Dann, wenn alle dienen und geben, wird Nachhaltigkeit zu dem werden, was sie wirklich sein könnte.

***

Nun, wir haben da diverse Ansätze kennengelernt, die für viele von uns nur wenig greifbar und kaum konkret anmuten.

Und das führt uns irgendwie wieder zu unserem Fussabdruck zurück: Wenn wir komplexe Sachverhalte verstehen lernen wollen, dann können wir dies nicht auf theoretischem Wege, sondern nur über praktische, reale Erfahrung tun. Und unser Fussabdruck zwingt und ermöglicht uns gleichzeitig, diese Erfahrungen zu machen.

Wenn wir also hohe Ansätze von Nachhaltigkeit anstreben wollen, dann ist der erfolgreichste Weg der, ein erfüllendes und umfassendes Leben zu leben. Denn das Leben selbst dient uns über das, was es uns bietet, als Lehrmeister.

Wir finden diesen Lehrmeister, indem wir achtsam und bewusst zu leben versuchen. Und eine achtsame und bewusste Lebensweise führt eben auch zu einer nachhaltigen Lebensweise. Das eine begünstigt und ermöglicht das andere.

53

Wenn wir uns ins Leben werfen und dabei auf Achtsamkeit, Bewusstheit und Nachhaltigkeit setzen, so erleben wir praktisch, was dieses Büchlein hier auf theoretische Weise vorzubereiten versucht.

Die wirkliche Lösung dafür, Nachhaltigkeit in all ihren Ansätzen zu leben und von ihr zu profitieren, ist wirklich zu leben.

Aber wie um Himmels willen schafft man das?

Das nächste Kapitel macht einen möglichen Vorschlag.

10 Die wirkliche Lösung

Wenn wir vom Leben lernen wollen, so müssen wir dazu ins Leben treten. Und dabei hinterlassen wir Fussabdrücke.

Diese Fussabdrücke schaden anderen Lebewesen, die ebenfalls auf Erden leben und lernen. So entsteht eine Interaktion. So wie wir leiden, wenn jemand uns tritt, so leiden auch andere, wenn wir sie treten.

Indem wir uns dessen bewusstwerden, erschaffen wir uns die Möglichkeit, besser darauf zu achten, wohin wir treten, und in welcher Art wir auftreten.

Jede Handlung unsererseits erzeugt eine Reaktion. Und über diese Reaktionen kann es uns gelingen, unser Verhalten zu erfassen und über Reflexion zu verbessern.

Das Ganze funktioniert nicht nur für uns als einzelner Mensch. Nein es wirkt auch für die Gemeinschaft. Und zwar für jede Art von Gemeinschaft. Sei es unsere Familie, unsere Gemeinde, unser Bundesland, unsere Nation oder die Gesamtheit der Menschheit. Jede Handlung erzeugt über ihre Wirkung eine Gegenreaktion, die uns die Möglichkeit gibt, unser Verhalten zu erkennen und es anzupassen.

Die wirkliche Lösung, um zu uns selbst zu finden, ist also, dass wir versuchen, uns in Bezug auf Nachhaltigkeit zu verbessern. Denn das trägt in gleichen Teilen so zu unserer Persönlichkeitsentwicklung und Charakterbildung bei, wie es zum Beispiel Selbstlosigkeit, Selbstwirksamkeit oder Selbstverantwortung auch tun.

Wer also auf Nachhaltigkeit setzt, und wem entsprechend die Umwelt, die Ökologie, die Biodiversität, das friedliche Zusammenleben und andere kostbare Bestandteile unseres Lebens auf Erden wichtig sind, und wer sich dafür einsetzt, der findet dadurch immer mehr zu sich selbst. Das ist das wahre Wesen der Nachhaltigkeit. Das ist ihre Wirkung auf uns, wenn wir uns ihr hingeben.

Nein, Geld gibt es dafür nicht, wenn wir uns nachhaltig verhalten. Aber es gibt Sterntaler. Und diese Währung wird in höherschwingenden Kreisen immer und überall geschätzt und gerne in Zahlung genommen.

***

So weit, so gut. Aber wenn wir jetzt eben über den praktischen Ansatz des Lebens Erfahrungen zu machen und Geheimnisse zu lüften versuchen, dann stossen wir auf Widrigkeiten. Und um uns diesen Widrigkeiten, die ja eigentlich Herausforderungen sind, die uns weiterbringen, nicht stellen zu müssen, investieren wir immer wieder viel Energie in Ausreden – anstatt dass wir voranschreiten und über das Meistern der Herausforderungen lernen und uns

56

entwickeln würden. Es dürfte also Sinn machen, sich im nächsten Kapitel diesem Mechanismus des Suchens von Ausreden zu widmen.

11 Ausreden

«Eigentlich möchte ich ja schon, aber wegen * kann ich eben leider nicht **!

(*setze hier das Erstbeste ein, was dir einfällt)

(*setze hier das ein, was du weisst, dass du es tun solltest, wofür du aber im Moment gerade weder Zeit noch den Willen noch die Energie hast.

***

So funktionieren Ausreden.

Wir alle kennen den Katalog, der aus tausenden von Möglichkeiten besteht, wie man seinen Fussabdruck auf Erden minimieren können. Aber wir alle kennen das Repertoire, aus dem alle Betroffenen immer wieder ihre Ausreden beziehen.

Wer ein Getränk aus einer Aludose trinkt und diese Dose danach nicht der Wiederverwertung zuführt, der hat dadurch Alu als kostbare Ressource verschwendet. Wenn er das zweimal macht, dann entspricht die dadurch verlorengegangene Energiemenge dem, was ein vierköpfiger Haushalt pro Tag verbraucht.

Über das Wissen solcher Hintergründe gelingt es viel eher, eine Aludose, wenn sie leer ist, in den Rucksack zu packen und der nächsten Sammelstelle zuzuführen, anstatt sie in den nächsten Mülleimer, oder noch schlimmer, hinter die Parkbank zu werfen.

Ausreden hindern uns also nicht nur daran, unseren Fussabdruck zu verkleinern. Sie verleiten uns auch dazu, die Augen vor Tatsachen zu verschliessen.

Wer sich über die Folgen von dem, was er tut, niemals Gedanken macht, der kann von sich glauben, dass er ein guter Mensch, womöglich sogar ein Vorbild mit Vorreiterrolle sei. Und so kann es dann kommen, dass eine Frau sich in einer Zeitschrift wie folgt äussert: «Also ich, ich brauche mir über mein ökologisches Verhalten keine Gedanken zu machen. Denn ich fliege nur viermal pro Jahr mit dem Flugzeug!»

Der Autor weiss, dass man andere Menschen nicht verändern kann. Und er weiss auch, dass Leute, die Ausreden haben, zumindest schon mal soweit sensibilisiert sind, dass sie wissen, dass sie etwas tun könnten.

Aber jeder von uns kann selbst für sich etwas tun. Und wir können uns selbst verändern. Und indem wir auf unsere Ausreden achten, gelingt es uns ganz leicht, dies auch zu erreichen.

Wer Ausreden bringt, der kämpft in symptomatischer Weise gegen sein schlechtes Gewissen an. Warum nicht einfach die Energie, die wir für diesen unnützen Kampf aufwenden, in die Umsetzung der Sache selbst investieren? Das führt nicht nur zu einer Wirkung und somit zu einer realen Veränderung, sondern gibt auch ein gutes Gefühl, so dass daraus Motivation erwachsen kann, auch andere Dinge an die Hand zu nehmen.

***

Wenn wir auf Ausreden verzichten und stattdessen handeln, dann treten wir aus der Wirkungslosigkeit heraus hinein in die Selbstwirksamkeit. Und wer selbstwirksam wird, der darf sich selbst neu entdecken. Dabei helfen kann das Büchlein *«Selbstwirksamkeit – Wie uns der gekaufte Konsum unserer Selbstbestimmung beraubt hat»*.

Wer aber das Problem der Ausreden in den Griff bekommen hat, der sieht sich einer anderen Herausforderung gegenübergestellt. Und um diese geht es als nächstes.

12 Problem Maschine

Für was nicht alles gibt es heutzutage nicht ein Gerät, eine Maschine, ein Tool oder ein Dienstleistungsangebot. Nur, damit wir es nicht selbst tun müssen. Und auch, damit wir uns nicht mit unseren Händen oder über unseren Geist oder Körper zu betätigen brauchen.

Maschinen und Geräte wirken ähnlich wie Ausreden: Sie verlagern nur das Problem, lösen es aber nicht besser und hinterlassen meist einen bedeutend grösseren Fussabdruck, als wir es täten, wenn wir ohne Hilfsmittel anpacken würden.

Der Autor kann sich an wunderbare Zeiten erinnern, als die Blätter der Bäume im Herbst noch ohne Laubbläser zusammengekehrt und entsorgt wurden.

Heute aber dröhnt ständig von irgendwoher aus der Nachbarschaft das Heulen eines Laubbläsers heran. Das geht auf Kosten der Lebensqualität all derer, die ihre Blätter dann wegräumen, wenn ALLE Blätter vom Baum gefallen sind.

Ein Laubbläser macht aus einer befriedigenden Tätigkeit im Herbst, wozu man einen Laubbesen benötigt, der etwa hundert Jahre lang seinen Dienst tut, wenn man ihn einigermassen sorgfältig benutzt, ein ziemlich teures, aufwändiges und störendes Unterfangen. Wenn man Anschaffung, Betrieb und Unterhalt eines Laubbläsers mit dem Eigentlichen

Zeitgewinn und Nutzen vergleicht, so darf man ja nicht zu rechnen anfangen; sonst kommt man sich noch blöd vor. Wenn wir dann auch noch die Aspekte der grauen Energie, die verlorene Möglichkeit an körperlicher Betätigung und die gesundheitliche Belastung wegen Lärm und Abgas berücksichtigen, so haben wir hier ein Beispiel dafür, wie wir uns über unnachhaltiges Verhalten selbst im Weg stehen. Und schuld daran ist ein Gerät, das uns vorgaukelt, wir müssten weniger streng arbeiten, als wenn wir die gleiche Arbeit von Hand erledigen würden.

Und das gleiche Beispiel kann fast bei jeder Maschine auf ähnliche Weise gemacht werden.

Wie viele Stunden muss man eine Maschine in einem Betrieb einsetzen, bis ihr Anschaffungswert amortisiert ist? Wer diese Rechnung anstellt, der wird merken, dass nur die wenigsten Maschinen wirklich nachhaltig sind. Die allermeisten tragen dazu bei, dass sie unseren Fussabdruck vergrössern helfen.

Wer der Verführung unterliegt und ein Gerät oder eine Maschine kauft, der füttert damit in erster Linie die Kassen der grossen Industriekonzerne. Sich selbst aber und der Ökologie hingegen schadet er aufgrund der fehlenden Nachhaltigkeit. Und wir sprechen hier von Nachhaltigkeit in Bezug auf die Investition, die Gesundheit, die Freizeitgestaltung, die Lebensqualität und noch diversen kleineren Bereichen mehr.

Es ist schön, wenn man Luxus und Komfort geniessen kann. Aber wenn beides zur Normalität verkommt, dann verliert es seinen Reiz. Ihre Nachhaltigkeit hat die Tasse Kaffee aber schon verloren, wenn wir über Alukapselsysteme und Wegwerf-Kaffeemaschinen mit einer Lebenserwartung von knapp zwei Jahren angefangen haben nachzudenken.

Wir sehen, jeder findet selbst Möglichkeiten, wie und wo er seinen Fussabdruck verkleinern kann. Wer dabei auf das achtet, was Ausreden und Maschinen uns aufzeigen können, der tut einen guten Schritt vorwärts.

Aber was tut die Werbung? Sie bewirkt das Gegenteil. Denn sie verführt uns ja hin zu Konsum, Komfort und Luxus, so dass wir träge, überdrüssig und gleichgültig werden, und so mangels Motivation und Energie anfangen, Ausreden zu suchen und Maschinen zu kaufen.

Die Werbung dürfte also einer der Feinde sein, die der Nachhaltigkeit im Weg stehen. Paradoxerweise wirbt die Werbung zu allem Überdruss auch noch mit Nachhaltigkeit. Warum tut sie dies?

Schauen wir hinter die Kulissen eines Bereiches unseres Wirtschaftssystems, das Nachhaltigkeit in grossem Stil vereitelt.

13 Problem «immer mehr!»

Eigentlich hätten wir ja schon längst genug. Aber irgendwie schaffen es die Medien, die Werbung, unsere Mitmenschen oder sonst irgendwer immer wieder, uns etwas aufzuzeigen, was man haben könnte, was wir aber noch nicht haben.

Und so rennen wir ständig etwas hinterher, was wir noch nicht haben, was wir aber auch gar nicht brauchen würden, wenn wir nicht wüssten, dass es diese Sache gibt.

Seit dem Anfang der Industrialisierung und somit dem Beginn des kapitalistischen Wirtschaftssystems scheinen die Dinge nur krisenlos zu laufen, wenn immer mehr produziert werden kann, und zwangsläufig auch mehr konsumiert wird.

Und damit dies möglich ist, braucht es immer mehr Menschen, die immer mehr kaufen. Und weil sie immer mehr kaufen, kann immer mehr produziert werden. Und damit mehr produziert werden kann, braucht es immer mehr Arbeitskräfte. Gleichzeitig müssen die arbeitenden Menschen auch immer mehr verdienen, denn sonst können sie nicht kaufen, was sie mehr konsumieren sollen. Und wenn dann eben irgendwo in dieser Kette etwas nicht mehr so tut, wie es soll, dann entsteht eine Krise, die alle heimsucht und leiden lässt – so dass sich alle von diesen Krisen fürchten, und alles tun, damit das kapitalistische Rad des «immer Mehr» weiterdrehen kann.

Aber da auch in der Industrie immer mehr Maschinen, Fertigungsroboter und KI eingesetzt werden, gibt es immer weniger Arbeit für immer mehr Menschen – was zwangsläufig zu einer Krise führen muss.

Gleichzeitig haben die Menschen immer mehr, so dass sie mit der Zeit genug haben und von selbst zu kaufen aufhören.

Und wer nichts mehr kauft, der braucht auch weniger zu arbeiten. Und so schaden diejenigen, die nicht «auf immer mehr» setzen dem System.

Damit all diese Probleme nicht zu einer Krise führen, gibt es verschiedene Gegenmittel, die die anstehenden Krisen hinauszögern helfen.

Man kann zum Beispiel über Werbung die Menschen zum Konsum animieren. Sie kaufen dann nicht aus Bedarf oder Vernunft heraus, sondern aus Affekt oder Lust.

Da sie zum Kaufen Geld benötigen, dieses aber womöglich gar nicht, oder nicht mehr haben, leiht man ihnen Geld in Form von Krediten. Oder man gibt ihnen die Möglichkeit, etwas zu mieten oder zu leasen. Beides manövriert die Konsumenten in Schieflage, weil es sie bindet und somit abhängig macht. Und je mehr Menschen vom kapitalistischen

System abhängig gemacht werden können, je sicherer scheint das System, und je weiter kann die Krise herausgeschoben werden. So lange, bis die Schuldenblase wieder mal platzt. Dann kommt es zu einer grossen Umverteilung: Die Geldgeber bestehen darauf, dass man ihnen ihre Kredite, Hypotheken und Leasinggegenstände zurückbezahlt oder zurückgibt. Und dann wird für die Grossen und Reichen das war, was sie wirklich reich macht: Aus erfundenem Geld in Form von Schulden werden Einfamilienhäuser, Bargeld, Fahrzeuge und vieles mehr. Und so kann es in die nächste Runde gehen.

Wenn wir es also durchdenken würden, dann müssten wir erkennen, dass unser System und das «immer Mehr» nur dazu da sind, dass wir konsumieren, um uns damit selbst abhängig zu machen, auf dass irgendwer von uns profitieren kann, der schon längst genug hat. Um auf diese Problematik hinzuweisen, hat der Autor das Büchlein *«Moderne Versklavung – Wie und wodurch wir täglich versklavt werden»* herausgegeben. Und eng mit dieser Thematik verknüpft ist auch das Büchlein *«Leben statt Arbeiten – Wofür es sich zu arbeiten lohnt und wofür nicht»*.

Wir erkennen, dass «immer mehr» niemals nachhaltig sein kann, weil dadurch immer mehr genommen, verbraucht und verloren wird. Und all das, was unser System am Laufen halten hilft, bedient sich unlauterer Mittel, die den Regeln der Nachhaltigkeit nicht entsprechen.

Wenn wir also eine nachhaltige Art zu leben suchen, dann müssen wir uns aus dem System ausklinken, indem wir nicht immer mehr wollen, sondern indem wir unsere Haltung verändern und genug sehen in all dem, was wir bereits haben.

Diese Veränderung wirkt nachhaltig. Und zwar nicht nur auf den Einzelnen, sondern auch auf die Umwelt, die Ökologie und auf die Menschheit. Nur auf das kapitalistische System und somit auf all die, die davon in grossem Masse profitieren, wirkt eine Veränderung hin zum «gleichviel ist genug» nicht nachhaltig. Dafür hilft diese Art der Veränderung die Tatsache zu korrigieren, dass die Reichen auf Kosten der Umwelt und der Mehrheit der Bevölkerung immer reicher werden.

Aber dann ist da noch immer die Angst vor der nächsten Wirtschaftskrise. Ja, wenn man abhängig ist, weil man über seine Verhältnisse gelebt und konsumiert hat, dann wird man davon getroffen. Aber bis die nächste Krise kommt, hat man ja Zeit, sich anders auszurichten und vom Ansatz «immer mehr» wegzukommen. Wer herausfindet, wie wenig er eigentlich bräuchte, um trotzdem ein gutes Leben zu führen, der fürchtet die nächste Wirtschaftskrise nicht mehr.

Leider ist dies niemals für alle möglich. Denn Nachhaltigkeit fordert Wille und Einsatz. Und diese sind nicht alle imstande aufzubringen. Aber wer nachhaltig ausgerichtet lebt, der wird es schaffen und genug haben. Denn wenn eine Wirtschaftskrise wirklich so schlimm wäre, wie uns immer weisgemacht wird, so gäbe es die Menschheit und das System schon längst nicht mehr.

Nur solange wir Angst haben, und solange wir nach dem Lustprinzip leben, kann man uns manipulieren und in Abhängigkeit bringen. Wer aber auf Nachhaltigkeit setzt, der ist vor Manipulation gewappnet.

Und so erkennen wir, dass es nicht ums Verhungern oder Erfrieren geht. Nein, es geht uns so gut, dass es vielmehr um unsere Art geht, wie wir denken.

Und weil Nachhaltigkeit im Kopf beginnt, nehmen wir uns diesen zum Thema.

14 Es beginnt im Kopf

Wer über Beobachtung und Reflexion zu Erkenntnis gelangt, der ebnet sich so den Weg hin zu dem, was Nachhaltigkeit ausmacht.

Wer die so erworbenen Haltungen, die aus dem erfassen Können des Wesens der Nachhaltigkeit entstehen nutzt, um sein Leben und Denken danach auszurichten, der lebt anders – eben nachhaltiger.

Und wer nachhaltig unterwegs ist, der braucht sich viel weniger Gedanken über Sicherheit, die Erfüllung seiner Bedürfnisse und die Existenz an sich zu sorgen. Denn wer nachhaltig unterwegs ist, der tritt mit kleineren Füssen auf achtsamere Weise auf. Und wer einen kleineren Fussabdruck hinterlässt, bei dem, was er tut, der hat automatisch mit weniger Widrigkeiten zu kämpfen. Dies zeigt sich sowohl im Irdischen wie auch im Geistigen, also in unserer Art zu denken und zu fühlen.

Wer nachhaltig unterwegs ist, der verlässt die herkömmlichen Gedankenmuster unserer Gesellschaft und tritt ein in eine Welt, die nach anderen Gesetzmässigkeiten funktioniert.

Natürlich erscheinen uns solche Aussagen als utopisch. Denn sie sind weder für unseren Verstand verständlich, noch sind sie wissenschaftlich belegbar. Aber sowohl unser Verstand wie auch die Wissenschaft sind ja geprägt von einem Denksystem, das sich am Grundsatz «immer mehr» ausrichtet. Also können sie uns nicht dabei helfen, etwas zu ergründen und zu verstehen, was ausserhalb ihres Erfahrungsbereiches liegt. Niemand kann uns dabei helfen, wenn es darum geht, etwas verstehen zu lernen, was uns unlogisch erscheint. Wir können es nur selbst ausprobieren. Wenn wir es auf nachhaltige Weise selbst ausprobieren, so verursachen wir dabei weder uns noch jemand anderem einen Schaden. Wir können also nichts verlieren – aber wir können viel gewinnen.

Der Autor experimentiert seit mehreren Jahren mit solchen Dingen. Klar, er muss sich dabei materiell einschränken, weil man mit Beobachten und Nachdenken nicht so viel Geld verdient. Aber ansonsten hat er bedeutend mehr Vorteile als Nachteile gefunden. Dies zeigt sich insbesondere in einer gestiegenen Lebensqualität und einer erhöhten Lebensfreude. Und ausserdem haben sich sein Denken, sein Wissen und seine persönlichen Möglichkeiten dabei massiv entwickelt. Nicht so, dass er damit in der Wirtschaftswelt zum Helden avancieren könnte. Aber so, dass er sich seines Fussabdrucks nicht mehr so sehr zu schämen bräuchte…

Wer das anzustreben wünscht, was der Wahrheit zustrebt und hin zur Freiheit führt, der erreicht dies nur, wenn er auf seine eigenen Möglichkeiten und seine eigene Art durchs Leben zu gehen setzt. Er erreicht es über Selbstermächtigung. Aber eben Selbstermächtigung gepaart mit Charakterbildung. Und dies bedingt, dass man Dinge wie Nachhaltigkeit, Selbstlosigkeit, Selbstwirksamkeit und Selbstverantwortung miteinbezieht.

Wenn dies nicht nur ein Mensch, sondern mehrere Menschen auf ihre Weise tun, so kann niemand etwas dagegen unternehmen. Denn jede und jeder hat das Recht, so zu denken und zu leben, wie er es für richtig hält, solange sein Fussabdruck in akzeptierbarer Weise klein genug bleibt. Oder anders ausgedrückt: Solange er die Rechte und Freiheiten seiner Mitmenschen nicht einschränkt.

Und wenn mehrere Menschen individuell ihren eigenen Weg gehen, so entstehen dadurch Beispiele, die vom Herkömmlichen weg zu neuen Möglichkeiten weisen, wie man auch leben könnte. Und dies ist wohl der Weg, der zu einer Nachhaltigkeit führt, an der unsere Mutter Erde genesen kann.

15 Genesung der Erde

Nachhaltigkeit wird sehr oft mit Ökologie, dem schonenden Umgang mit Ressourcen und dem Schutz von Ökosystemen in Verbindung gebracht.

Das ist nachvollziehbar, denn diese Dinge zeigen uns ja am deutlichsten auf, wenn etwas vonstattengeht, was nicht nachhaltig ist.

Indem wir feststellen, dass die Fische in einem Gewässer fehlen, oder dass die Blumen auf der Wiese verschwunden sind, merken wir, dass da etwas am Laufen ist, was die Existenz anderer Lebewesen und Existenzen bedroht. Und somit ist dieses Etwas nicht nachhaltig.

Der Autor hat sich sehr viele Gedanken gemacht, was getan werden könnte, damit der Schmetterling noch eine Blüte findet, um sich mit dem für ihn lebenswichtigen Nektar zu versorgen. Er hat überlegt, was gegen die quadratkilometergrossen Mülldeponien in Schwellenländern getan werden kann, damit diese nicht vor sich hin modern und über ihren Gasausstoss den künstlichen Treibhauseffekt vorantreiben. Er hat sich überlegt, wie der Abholzung des Regenwaldes Einhalt geboten werden kann. Und immer kam er zum gleichen Schluss: Es geht nur über den Willen des Einzelnen.

Gezeigt hat ihm dies seine tägliche Arbeit als Lehrkraft mit Jugendlichen: Nur wer will, erreicht etwas. Aber jeder kann nur für sich selbst wollen.

Was braucht es also, damit jemand will?

Es braucht zuerst das erkennen Können eines Selbstvorteils. Im Anfangsstadium der Persönlichkeitsentwicklung spielt einem Menschen seine Charakterbildung noch kaum eine Rolle. Er tut also nur, was ihm persönlich zum Vorteil gereicht – oder was ihn auf unerklärbare Weise fasziniert und begeistert.

Wir erkennen im letzten Satz die zwei Gegenspieler im Wesen eines Menschen: das Ego und die Seele.

Während das Ego uns dabei hilft, unseren Körper und unsere Existenz in materiellen und irdischen Belangen zu entwickeln und zu erhalten, steuert uns unsere Seele über das Unbewusste, damit wir die in uns schlummernden Fertigkeiten und Gaben entwickeln, auf dass wir die Voraussetzungen dafür erhalten, unsere Lebensaufgabe angehen zu können.

Beide Vorgehensweisen, die des Egos und die der Seele, sind legitim. Denn beide helfen dabei, uns voranzubringen. Würden wir stehenbleiben, so würden wir nie handlungsfähig.

Ab einem bestimmten Entwicklungsstand aber kommt die Sache mit der Charakterbildung ins Spiel. Denn wenn uns unser Ego über Selbstvorteil erfolgreich werden liess, so müssen wir rechtzeitig unser Verhalten über ein Umdenken kontrollieren lernen. Ansonsten zerstören wir uns nach und nach selbst, indem wir andere über unsere egoistischen Machenschaften in ihren Freiheiten einschränken, was sie dazu veranlasst, uns in die Schranken zu weisen – was unsere Entwicklung abbremst oder gar zum Stillstand bringt.

Wenn ein Jugendlicher also die ihm innewohnende Energie des Erkennens des Selbstvorteils nutzt, um voranzukommen und sich zu entwickeln, dann ist dies nur eine vorübergehend erfolgreiche Methode. Denn schon bald lässt dieser Effekt nach, weil er Unannehmlichkeiten und somit Nachteile bringt.

Genau dies ist der Zeitpunkt, wo die Chance besteht, auf Nachhaltigkeit zu setzen. Wer dies tut, der spurt auf einen Weg ein, der zur Genesung, statt zur Ausbeutung beiträgt.

Nun, wir lernen ein Leben lang. Und somit können wir jederzeit auf den Weg der Nachhaltigkeit einspuren. Wir entscheiden in unserm Kopf über unsere Gedanken, die unseren Willen steuern, ob, wann und wie wir dies zu tun wünschen.

Und wenn wir anders denken und anders leben, so erhält die Mutter Erde die Chance, an unserer Veränderung, die eine positive Entwicklung ist, zu genesen. Natürlich kann sie nicht vollumfänglich genesen, da wir ja nur ein kleiner Teil der Menschheit ausmachen. Aber unser Beispiel könnte ja Wirkung auf unser Umfeld haben. Und alles, was gross ist, hat mal klein angefangen. Wir dürfen nur den Glauben und den Mut verlieren – und wir dürfen uns selbst auch nicht zu viel Verpflichtung aufladen. Denn nur wenn wir auf unserem Weg glücklich sind, nehmen andere uns zum guten Beispiel.

Man könnte also sagen, dass die Genesung der Erde in der Genesung der Geisteshaltung des Einzelnen liegt. Je mehr Nachhaltigkeit in dieser Geisteshaltung zu finden ist, je grösser das Heilungspotenzial für all das, was ist.

Vollumfänglich, so wie wir es uns vorstellen und es uns wünschen, wird die Erde niemals heilen. Sie soll das auch gar nicht. Und sie kann es auch nicht. Denn wir sind ja über den Zwang des Erhaltens unseres physischen Körpers dazu gezwungen, einen Fussabdruck zu hinterlassen. Es geht also nicht um Heilung, die zu einem Endzustand und somit zu einem Ende führt. Nein, es geht um Grenzenlosigkeit, Ewigkeit und die Entwicklung, die dorthin führt.

Wenn wir Menschen uns etwas nicht vorzustellen vermögen, bedeutet das nicht, dass wir davon ablassen sollten. Und auch wenn wir etwas nicht erreichen können, sollten wir nicht gleich davon ablassen. Denn so würden wir uns selbst den Glauben nehmen, dass wir mehr sind und mehr erreichen können, als dass man uns glauben lässt.

Und darum sind Ideale wichtig. Und zwar Ideale, die sich an den Grundsätzen der Nachhaltigkeit orientieren.

16 Das Ideal

Was nützt es, wenn wir uns auf die Strasse kleben und überfahren lassen? Geht es dem Klima dann besser? War unser Verhalten nachhaltig? Haben wir jemandem gute Gefühle beschert und die Welt verändert?

Solche Fragen helfen uns, unser Tun und Denken besser einschätzen zu können. Wir können nur einschätzen. Aber urteilen können wir deswegen noch lange nicht.

Dennoch wurde die Welt auf diese Weise immer wieder durch einzelne Personen verändert. Denn es gab immer in der Weltgeschichte Menschen, die über ihr Vordenken und ihr Beispiel anderen den Weg gewiesen haben. Und meistens waren dabei die Menschen am erfolgreichsten, die selbstlos vorangegangen sind. Denn wer auf selbstlose Weise etwas tut, der hält die Regeln der Nachhaltigkeit ein. Und andere Menschen, die ihrerseits nach Licht und höheren Idealen streben, erkennen das und dürfen vertrauen. Selbstlosigkeit, die sich in ihrem Schaffen an nachhaltigen Grundsätzen orientiert, wirkt in jedem Fall vertrauenswürdig auf diejenigen, die Ideale zu erkennen vermögen. Und so können Ideale entstehen, wachsen und entwickelt werden.

Wenn *Martin Luther King* einen Idealzustand anstrebte, der es Weissen UND Schwarzen möglich machen sollte, gleichberechtigt nebeneinander zu leben, dann hat er dies nicht aus Selbstsucht getan.

Wenn *Mahatma Gandhi* über gewaltlosen Widerstand den indischen Bürgern mehr Selbstbestimmung und somit Freiheit hin zu Selbstentwicklung ermöglichen wollte, so orientierte sich sein Unterfangen nicht nur an einem hohen Ideal, sondern berücksichtigte auch die Ansätze der Nachhaltigkeit in hohem Masse.

Und wenn *Nelson Mandela* einen Traum hatte, und diesen Traum während seiner langjährigen Gefangenschaft nicht aufgab, dann schöpfte auch er seine Kraft aus einem hohen Ideal, das sich über diverse nachhaltige Ansätze schliesslich doch noch zu manifestieren vermochte.

Wenn ein Ideal nachhaltig ist, dann ist es vertrauenswürdig. Denn es eröffnet ein grosses Veränderungspotenzial, ohne dass es fixe Vorgaben macht. Und gleichzeitig verletzt es nicht, weil es sich an den Grundsätzen der Nachhaltigkeit orientiert. Und nachhaltig kann nur sein, das haben wir bereits so definiert, was die Freiheit und Integrität des andern nicht verletzt.

Wenn Nachhaltigkeit uns dabei hilft, unser Denken und Handeln zu lenken, dann hilft uns ein Ideal dabei, ein Ziel zu definieren und anzustreben.

Ideale sind dazu da, dass wir uns nicht nur in unserer Persönlichkeit entwickeln können, sondern vor allem in unserem Charakter. Persönlichkeitsentwicklung rein für sich kann zu Überheblichkeit, Selbstüberschätzung und somit zum persönlichen Fall führen. Kombiniert mit Charakterbildung aber sind wir vor Selbstüberschätzung besser geschützt. Und weil wir für unsere Charakterbildung ein Ideal brauchen, und uns dieses hilft unseren Charakter in Richtung dieses Ideals zu entwickeln, kommen wir diesem Ideal immer näher. Und was ist, wenn wir es erreicht haben?

Damit wir in unserer Charakterbildung nicht zum Stillstandkommen, sollten wir also ständig unser höchstes Ideal weiterentwickeln. So wird es uns möglich, Dimensionen zu eröffnen und zu erfahren, die sich in der Spitze des Elfenbeinturms der menschlichen Möglichkeiten befinden. Dies ist wohl der Weg, der hin zu wahrer Spiritualität führt.

Nachhaltigkeit ist also in Kombination mit Idealen etwas, was uns dabei hilft, unser Seelenheil und somit unser Selbst zu entdecken – vielleicht auch zu finden.

Wer tiefe spirituelle Erfahrungen machen durfte, der weiss, dass darin viel mehr verborgen liegt, als dass das Irdische uns jemals zu schenken vermag.

Dennoch ist es so, dass wir niemals imstande sind, das Hohe und Lichtvolle zu entdecken, wenn wir nicht den Weg über das Irdische gehen. Und so wie uns unser Fussabdruck zur Interaktion zwingt, verfügen wir selbst aus freiem Willen heraus die Möglichkeit, mit all dem Irdischen zu interagieren, auf dass daraus etwas Gutes hervorkomme.

Wer also über seinen Fussabdruck und der Reflexion darüber hin zu Achtsamkeit und Demut gefunden hat, dem eröffnen sich selbstbestimmte Möglichkeiten. Diese mögen auf den ersten Blick als banal erscheinen. Aber etwas genauer betrachtet geben sie uns auf nachhaltige Weise sehr viel. Das wollen wir im nächsten Kapitel zu ergründen versuchen.

17 Freude an dem, was man hat

Wenn wir Seelenfrieden suchen, so können wir diesen nur in uns selbst finden. Der Weg zu uns selbst führt aber über das, was uns umgibt.

Wenn wir uns die Dinge kaufen wollen, die uns dabei helfen sollen, zu uns selbst zu finden, dann ist aus bereits behandelten Gründen die Gefahr gross, dass wir die Gesetzmässigkeiten der Nachhaltigkeit dabei verletzen.

Und ohnehin, man kann sich Seelenheil nicht erkaufen.

Und somit wird verständlich, dass man unter Berücksichtigung der Nachhaltigkeit nur über die Dinge im Aussen zu sich selbst finden kann, die bereits gegeben sind. Und gegeben sind uns unsere Mitmenschen und alles, was wir auf Erden antreffen.

Wenn wir uns an den Dingen orientieren, die da so sind, wie die Schöpfung sie erschaffen hat, dann können wir dabei vieles lernen und entdecken. Besonders die Natur in all ihren Erscheinungs- und Wirkungsformen zeigt uns auf, wie vollkommen doch alles miteinander harmonieren könnte.

Anstatt dass wir als Mensch ständig diese Harmonie stören, weil wir zu wenig auf unseren Fussabdruck achtgeben, können wir versuchen, mit sorgsamen Schritten unseren Weg durch die Natur zu suchen.

Wenn wir dies achtsam und sorgsam tun, so können wir zu einem Teil dieses harmonischen Systems werden. Und dies lässt uns Verbundenheit erfahren.

Verbundenheit ist der Schlüssel, der die Türe aufschliesst, die über die Dinge im Aussen in unser Inneres führt.

Nun, das klingt alles zwar schön, tönt aber auch kompliziert und mutet schwer an, es umzusetzen.

Aber in Wirklichkeit ist es ganz einfach: Indem man sich an dem erfreut, was ohnehin schon da ist, lernt man, immer mehr wahrzunehmen. Wer immer mehr wahrnimmt, hat immer mehr Grund dazu, all das zu schätzen, was uns bedingungslos gegeben ist. Und wer wertschätzt, der verbindet sich in Form von Dankbarkeit mit dem, was ist. Und dies wiederum führt zu dem, was so viele Menschen suchen: den Weg zu sich selbst und der Dankbarkeit dafür, selbst sein und bestehen zu dürfen; denn das zeigt früher oder später das auf, wonach uns unsere Seele wirklich suchen lässt. Es ist der Weg nachhause. Der Weg, der zum vergessenen Licht am Ende des Horizonts führt.

Nachhaltigkeit ist mehr als wir glauben. Und sie führt auch zu weitaus mehr, als wir uns erdenken können.

Wer auf Nachhaltigkeit setzt, indem er die Umwelt und Ökologie zu schützen versucht, der tut nichts anderes, als sich Stück für Stück mit dem zu verbinden, was den Weg nachhause weisen hilft.

Im Gegensatz dazu gibt es die Gleichgültigkeit. Gleichgültigkeit ist das, was den Tieren ihren Lebensraum zerstört, was Pflanzen sterben lässt und unserem Leben den Sinn nimmt. Gleichgültigkeit löscht alles Glück im Leben aus.

Und somit bestrafen sich diejenigen selbst, die nicht auf Nachhaltigkeit setzen – weil es ihnen egal ist. Und wir können nichts dagegen tun, bis auf etwas: Dass wir aus eigener Überzeugung aufgrund unserer eigenen Ideale unseren eigenen Weg gehen. Das ist Selbstermächtigung im Sinne des Guten.

Wer hätte gedacht, dass wir über unseren Geist etwas tun und anstreben können, was einen Fussabdruck der rundum positiven Art hinterlässt? Ja, das Physische fordert ständig seinen Tribut, weil es eine materielle Interaktion fordert. In unserer Gedankenwelt aber können wir uns bewegen, ohne dass jemandem daraus einen Nachteil entstehen würde; im Gegenteil: unsere Gedanken können auf andere heilend wirken.

Was uns im Physischen verwehrt bleibt, wird uns im Mentalen möglich. Und weil sich in der Realität oft das manifestiert, was wir vorher gedacht haben, besteht durchaus Hoffnung!

18 Mangel und Überdruss gleichzeitig

Wenn es uns gutgeht, dann ist es für uns kaum schwierig, an uns zu glauben und guten Mutes voranzuschreiten.

Wenn wir aber Mangel leiden und Überdruss ertragen müssen, dann verschwinden all die hehren Ideale, die uns dabei helfen könnten, Herausforderungen wie die des Mangels und Überdrusses zu überwinden.

Was tun wir dann?

Indem wir in unserem Leben nach Dingen Ausschau halten, die nachhaltig sind, können wir dann, wenn es uns nicht so gut geht, Kraft schöpfen.

Denn alles Nachhaltige ist nicht zuletzt deshalb nachhaltig, weil es in höherer Verbundenheit mit dem ewigen Sein steht. Und was verbunden ist, das schwingt höher und kann so Energie weiterleiten, die von dorther kommt, wo mehr als genügend Energie zur Verfügung steht.

Mangel und Überdruss sind das Resultat eines Energiemangels in uns selbst. Wenn wir über zu wenig Lebensenergie verfügen, bricht unsere Aura ein und unsere Energiezentren, die Chakras können nicht mehr vollumfänglich arbeiten, was sich bei uns auf allen Ebenen unseres Seins bemerkbar macht.

Wer über zu wenig Lebensenergie verfügt, der befindet sich in diesem Zustand, weil ihm entweder von aussen her zu viel Energie genommen wird, oder aber, weil er sich selbst von dem, was ist, getrennt hat.

Wer jetzt diesen Zustand zu überwinden versucht, der tut in beiden Fällen gut daran, wenn er eben nach Nachhaltigkeit Ausschau hält. Denn wenn uns Lebensenergie genommen wird, dann ist dies nur möglich, weil wir uns in einem Umfeld aufhalten, das nicht nachhaltig ist und darum negativ auf uns wirkt. Und wenn wir in Trennung leben, dann hilft uns die Suche nach etwas Nachhaltigem, uns wieder zu verbinden.

Ist doch so: Wenn es uns nicht gut geht, kann uns ein guter Freund Trost spenden. Dieser Trost kann nur helfen, wenn er aufrichtig, ehrlich und selbstlos gemeint ist. Mit anderen Worten: Trost tröstet aufgrund der Tatsache, dass er den Ansätzen der Nachhaltigkeit entspricht.

Dann, wenn wir alle erkannt haben, dass wir uns über nachhaltiges Verhalten unseren Mitmenschen gegenüber dabei helfen können, Mangel und Überdruss zu überwinden, werden die Zäune nicht mehr aus Stacheldraht, sondern aus Blumen sein. Und anstatt Krieg zu führen und zu nehmen, werden die Menschen singen…

Ja, wieder mal ein Anflug von Utopie. Aber lieber Utopie als Hoffnungslosigkeit, Mangel oder Überdruss.

19 Extravaganz

Es scheint, als könnte der Weg hin zu Nachhaltigkeit und all den mit ihr verbunden Vorteilen ganz einfach sein. Würde uns da nicht die Extravaganz dazwischenfunken.

In unserer Gesellschaft versuchen viele, ihren Mangel oder ihre Überdrüssigkeit mit extravagantem Handeln zu kompensieren. Über den Versuch, sich aussergewöhnlich zu machen, strebt man unbewusst eine Selbsterhebung über seine Mitmenschen an. Und wer oben ist, dem fliesst Energie in Form von Beachtung zu, die indirekt zu Dominanz führt, also einer bestimmten und subtilen Art von Macht.

Wir erkennen schnell, dass es sich bei Extravaganz keinesfalls um etwas Nachhaltiges handeln kann.

Extravaganz wirkt ähnlich wie ein Tattoo: Bevor man es sich stechen lässt, lenkt einem der Gedanke daran ab. Auch die Aufregung darüber, den Mut zum Entschluss und die Umsetzung aufzubringen, tragen ihren Teil dazu bei. Wenn man dann im Studio für seine Extravaganz «leidet», währenddem ein fremdes Kunstwerk auf dem eigenen Körper entsteht, denkt man unterbewusst und insgeheim, dass man zu etwas Besonderem werde, weil man sich über ein Bildnis auf der Haut in Zukunft von den anderen unterscheiden wird. Oder aber man hofft, endlich ganz dazuzugehören.

Wenn man dann das Tattoo zur Schau tragen darf, dann, wenn es nach all den Rötungen und nach abgeklungenem Schmerz öffentlich gezeigt werden kann, reitet man für einen kurzen Moment ganz oben auf der Welle der Extravaganz: man ist zu etwas Aussergewöhnlichem geworden!

Aber weil Extravaganz nicht nachhaltig ist, ebnet die Welle schnell ab, womit auch ein Abfall des Energiezuflusses verbunden ist. Immer dann, wenn Energie abfliesst, lässt auch die Euphorie nach. Und es tritt Katerstimmung ein. Was kann man dagegen tun? Entweder sich damit abfinden oder nach dem nächsten Kick suchen.

Spätestens dann, wenn alle Möglichkeiten eines nächsten Kicks ausgeschöpft sind, wird erkennbar, dass Extravaganz eben nicht nachhaltig wirkt. Das ist der Moment des Landens auf dem harten Boden der Realität.

Es ist also umsichtiger, geduldig nach Nachhaltigkeit zu suchen, als sich über Extravaganz einen kurzfristigen Höhenflug zu verschaffen. Und aus dieser Perspektive betrachtet verlieren viele Aktionen, die als «nachhaltig» und somit «bewundernswert» proklamiert werden, ihren Glanz.

Extravaganz orientiert sich am Aussen. Aber sie vermag nicht in unser Inneres zu wirken. Darum ist sie nicht nachhaltig – und sie entpuppt sich meist als eine Art Schimäre, die von aussen her manipulierend auf uns wirkt.

Extravaganz wirkt auf eine überspannte Art und Weise. Sie stresst somit nicht nur unser Umfeld, sondern überfordert mit der Zeit auch uns selbst. Denn wir vermögen die Spannung nicht über längere Zeit aufrecht zu erhalten. Was uns überfordert, ist nicht nachhaltig.

Darum ist es besser für uns, wenn wir auf extravagantes Verhalten verzichten und uns damit abfinden, dass Rampenlicht, Ruhm und Ehre uns kaum auf nachhaltige Weise glücklich machen können.

Wenn es aber nicht darum geht, zu den Schönen, Reichen oder Mächtigen zu gehören, worum geht es dann?

Gute Frage! Niemand kann sie abschliessend beantworten. Und dennoch nehmen wir sie uns im nächsten Kapitel zum Thema.

20 Worum geht es?

Eigentlich ist die Antwort auf die Frage, worum es geht, ganz einfach: Es geht darum, seinen eigenen Weg zu finden. Und dieser Weg führt uns hin zu unserer Lebensaufgabe. Und dies, obwohl niemand zum Vornherein wissen kann, woraus seine Lebensaufgabe besteht.

Es scheint, als würde es in unserem Leben um eine Suche gehen. Zu Beginn wissen wir nicht einmal, dass wir suchen. Dann wissen wir nicht, wonach wir suchen. Mit der Zeit fühlen wir, dass unsere Suche uns näher zu uns selbst führt. Und irgendwann wohl wird bei vielen das erwachen, was sie eigentlich schon immer gewusst haben: Unsere Suche lässt uns früher oder später unseren Wunsch erkennen, heimkehren zu dürfen.

Wo und was unser Zuhause – im höheren Sinne verstanden – sein dürfte, das kann allerdings niemand so genau sagen. Und wir tun auch gut daran, wenn wir niemandem Glauben schenken, der uns etwas vorschwärmt oder verspricht. Wir sollten selbst das finden, wohin unsere Seele uns zu führen versucht. Denn unser Ziel steht in Verbindung mit unserer Lebensaufgabe. Und auch über deren Hintergründe schweben wir im luftleerem Raum. Wir können nur nach Hinweisen suchen, die uns weiterführen helfen. Wenn wir uns bei unserer Suche an den Grundsätzen der Nachhaltigkeit orientieren, dann werden wir schneller fündig sein. Warum dem so ist, kann man zwar zu erklären versuchen, aber das nützt wohl nur wenig. Denn das Verständnis geht über das hinaus, was unser Verstand zu erfassen mag.

Wer seinen Weg geht, der darf immer mehr erleben, dass es etwas Höheres, etwas Magisches, Metaphysisches, etwas Spirituelles, Reines, Hohes gibt, wofür die Menschheit eigentlich gar keine Worte finden kann, weil es keine Worte dafür gibt. Eben, weil sich diese Sache ausserhalb dessen befindet, was unser Verstand zu erfassen mag.

Nachhaltigkeit hilft, sich diesem Unfassbaren anzunähern. Und zwar, weil Nachhaltigkeit eben nachhaltig ist. Sie verletzt nicht, sie nimmt nicht, sie zerstört nicht. Wie die Tugend weist sie uns lediglich den Weg. Und sie kann dies, obwohl wir gar nicht so genau wissen, was sie eigentlich ist.

Wer vertraut und solchen Dingen folgt, die ohne die Freiheit anderer zu verletzen wirken, der kommt auf seiner Suche schneller voran. Der Grund dafür liegt in einer erhöhten Verbundenheit. Verbundenheit ist das, was wir im nächsten Kapitel noch thematisieren wollen, weil sie eng mit der Nachhaltigkeit in Beziehung steht. Sie ist Ursache der Nachhaltigkeit und Wirkung davon gleichzeitig.

21 Verbundenheit

Wer auf sein Herz hört, der verbindet sich intuitiv mit dem, was ihm guttut. Es ist die Intuition, die hinter dieser Tatsache verantwortlich zeichnet.

Die Intuition entspricht unserem Baugefühl. Sie ist im Bauch zuhause, nicht im Kopf. Und darum ist sie selbstloser und reiner als etwa unser Wille oder unser Glaube.

Je besser es uns gelingt, Verbindung aufzubauen, je mehr dürfen wir uns auf unsere Intuition verlassen. Und sowohl Verbindung wie auch Intuition wirken nachhaltig.

Aber worum handelt es sich bei dieser Verbindung, die zu Verbundenheit führt, welche positiv auf uns wirkt, indem sie sich mit der Nachhaltigkeit vereint?

Nun, wer lange beobachtet und darüber reflektiert, der erkennt nach und nach eine Art höheren Sinn in den Dingen. Es ist dies eine Art Erkenntnis, dass nichts ohne das andere bestehen kann. Es geht vereinfacht gesagt um die Tatsache des *dualen Prinzips*: ohne Licht keinen Schatten, ohne Regen keinen Regenbogen, ohne Schmerz keine Heilung.

Alles, was ist, kann nur bestehen, weil es etwas anderes gibt, was ebenfalls besteht. Und alles zusammen schützt einander davor, aufzuhören zu existieren.

Verbundenheit ist also eine Tatsache, die uns so lange verborgen bleibt, bis wir uns über Verbindung so fest zurück ins Spiel der Schöpfung gebracht haben, dass wir erkennen können, dass wir ein Teil des Ganzen sind, und dass es uns braucht. Und dass es auch alles andere braucht.

Und wenn mal jemand gesagt hat, wir sollen unsere Feinde lieben, dann zeugt dies von einem äusserst hohen Mass an Erkenntnis dieser Verbundenheit in der Gesamtheit.

***

Natürlich kann man sich auch mit etwas verbinden, was nicht nachhaltig auf uns wirkt. Das passiert uns ja noch ab und zu. Dies ist keine Verfehlung, sondern ein Entwicklungsschritt auf unserem Lernweg.

Wenn wir uns mit etwas verbunden haben, was nicht nachhaltig ist, so bleibt uns wohl nichts anderes übrig, als im Rahmen unserer Möglichkeiten eine Veränderung anzustreben, die zu mehr Nachhaltigkeit oder zu einem Wegfall der negativ wirkenden Verbindung fällt. Ändern wir nichts, so bleiben wir stecken oder leiden. Beides hindert uns daran weiterzukommen, da beides den Grundsätzen der Nachhaltigkeit widerspricht.

***

Verbundenheit hilft uns dabei Nachhaltigkeit auf einer höheren Ebene zu manifestieren und zu erleben.

92

Und dadurch erhöhen wir unsere Chancen darauf, regelmässig Glück erfahren und somit glücklich sein zu dürfen.

22 Das Glück zu sein

Glück hat so seine Voraussetzungen dafür, dass wir es als positive empfinden und geniessen dürfen. Und Nachhaltigkeit gehört sicherlich zu den bedeutendsten dieser Voraussetzungen.

Wenn Glück besonders nachhaltig wirkt, dann kann es zum «Glück zu sein» werden. Wer glücklich darüber ist, dass er zu leben hat und sein darf, der ist weit gekommen. So weit, dass er das Irdische über die Wertschätzung des Irdischen am Überwinden ist.

Und so wird für uns einmal mehr erkennbar, dass die Interaktion zwischen dem Materiellen und dem Geistigen, zwischen Erde und Himmel, unabdingbar ist, damit wir auf unserer Suche vorankommen können.

Und entsprechend können wir hier auch die Schlussfolgerung ziehen, dass Nachhaltigkeit und mit ihr auch einhergehender Umweltschutz, ökologisches Verhalten und das Streben nach einem kleineren Fussabdruck unabdingbar sind, wenn man das Glück zu sein für sich wünscht.

Wenn also Miesmacher ihre Argumente aufzählen, weshalb man all das nicht zu tun brauche, was der Umwelt und unserer Mutter Erde gut bekommt, so liegt das in ihrem Ermessen. Es dürfte für sie dadurch lediglich schwieriger werden, wirklich nachhaltiges Glück jemals erfahren zu dürfen.

Aber diese Unterschiede zwischen den verschiedenen Gruppen von Menschen gab es schon immer. Und wir brauchen weder darüber zu urteilen, noch sollten wir jemanden deswegen zu VERurteilen. Denn etwas haben wir trotz allen Unterschieden dennoch gemeinsam: Wir alle hinterlassen einen Fussabdruck. Zwar dürfte dieser nicht bei allen gleich gross sein. Aber DASS wir einen hinterlassen, lässt uns im gleichen Boot sitzen. Und wenn dieses untergeht, werden alle mindestens nass.

Auch wenn man sich über unsere Ideale und über all unsere Versuche, nachhaltig durchs Leben zu gehen, lustig machen sollte, so sollten wir uns deswegen nicht verunsichern lassen. Denn jeder unserer Versuche bringt uns weiter. Währenddem Ausreden und extravagantes Verhalten uns vor Ort treten lassen.

Lieber, man kommt dem Glück zu sein in kleinen Schritten nähern als gar nicht. Und darum dürfen wir uns trotz jedes vermeintlichen Scheiterns unsererseits damit trösten, dass wir zumindest in unserer Selbstwirksamkeit und unserer Selbstbestimmung weitergekommen sind, indem wir an die Ideale der Nachhaltigkeit geglaubt haben.

Nachhaltig ist, wenn man tut, woran man glaubt. Alles andere bringt zwar oft mehr kurzfristigen Erfolg – aber was nützt dieser, wenn er sich in Luft auflöst, wie der Dunst sich verflüchtigt, sobald die Sonne aufgeht und Wahrheit scheint?

Fassen wir also zusammen:

- Nachhaltigkeit orientiert sich an gewissen Grundsätzen, von denen Langfristigkeit, Selbstlosigkeit und der Wille, nicht verletzen oder einschränken zu wollen besonders bedeutsam sind.
- Nachhaltigkeit hilft uns in Form von Leitlinien dabei, unseren Weg so zu finden, dass unsere Fussabdrücke, die wir zwangsläufig hinterlassen, nicht zu viel Ungemach verursachen.
- Nachhaltigkeit verbindet uns mit den Dingen, die da sind. Und zwar dadurch, dass sie uns über Bewusstwerden und Überzeugung Sinnhaftigkeit vermittelt, die uns hilft, gegen die allgemein grassierende Gleichgültigkeit anzukommen.
- Nachhaltigkeit ist niemals ein Schaden. Denn irgendjemand profitiert immer davon, dass wir uns an ihr orientieren.
- Nachhaltigkeit kann uns dabei helfen, Ideale zu definieren, die es wert sind, verfolgt zu werden.
- Und Nachhaltigkeit mach uns liebenswert, wenn wir sie ehren und hochhalten. Sie macht uns nicht liebenswert in den Augen unserer Kritiker (aber wer strebt dies schon an?). Sie macht uns liebenswert für die Menschen, mit denen wir gerne zusammen sind – weil auch sie fühlen

können, dass uns Dinge wichtig sind, die über das Alltägliche und Banale hinausgehen.

Ob uns Nachhaltigkeit wirklich das Glück zu sein finden lässt, dass kann nicht garantiert werden. Aber mit recht hoher Gewissheit wagt der Autor hier zu behaupten, dass das Glück zu sein ohne Nachhaltigkeit nicht zu finden ist. Und dieser Unterschied ist so gross, dass er uns dann zur Motivation werden soll, wenn wir an der Sinnhaftigkeit unseres Tuns zweifeln und dadurch drohen, unseren Glauben zu verlieren.

***

Und wenn wir über dieses Büchlein eine Verbindung von Nachhaltigkeit als Modewort hin zu einer der Grundfragen des Seins erlebt haben, die mit diesem Kapitel hier einen Abschluss findet, dann dürften wir in uns fühlen, dass diese Wirkung nachhaltig für uns arbeiten dürfte. Denn wer über die Dinge nachdenkt, der gibt ihnen dadurch mehr Gehalt. Und wenn Nachhaltigkeit über Lektüre für uns gehaltvoller und bedeutsamer geworden ist, dann wirkt das auf unseren Weg sicherlich vorteilhaft.

Und so bleibt uns noch das Vergnügen offen, im nächsten Kapitel einen Ausblick zu wagen, bevor wir das Thema Nachhaltigkeit mit einem Schlusswort zum Abschluss bringen.

23 Ausblick

Die Menschheit hat sich seit jeher entwickelt. Und dies auf mehr oder weniger nachhaltige Weise – aber es gibt sie noch immer.

Parallel zur Menschheit haben sich aber auch sehr viele andere Dinge entwickelt – und dies wohl auf nachhaltigere Weise.

Und weil wir uns entwickeln und gleichzeitig dabei beobachten dürfen, wie neben uns wahre Nachhaltigkeit fortbesteht, ermöglicht uns dies zu beobachten und zu erkennen.

Dieses immerwährende Vorwärtsschreiten in immerwährender Neuerkenntnis bringt nicht nur die Menschheit weiter, sondern führt auch zu einer Annäherung an die Ideale der Nachhaltigkeit. Denn wer leidet und darum eine Verbesserung seiner Situation anstrebt, der erfährt bewusst oder unbewusst die Wirkung von Ansätzen der Nachhaltigkeit, beziehungsweise deren Abwesenheit. Und so dürfte sich die Menschheit immer mehr an der Nachhaltigkeit orientieren und sie zu schätzen lernen.

Es werden nie alle auf einmal verstehen lernen, welche Vorteile uns Nachhaltigkeit bringen kann. Und auch wir werden immer wieder neue Möglichkeiten entdecken, wie weit Nachhaltigkeit in ihren einzelnen Wirkungssträngen reichen kann.

Aber über das Ganze gesehen dürfen wir dennoch eine Veränderung beobachten, die hin zum Ideal der Nachhaltigkeit führt. Wer Nachhaltigkeit im Kleinen erkennen gelernt hat, der darf ins Grosse. Und auf ihn werden andere nachfolgen, die von den gemachten Errungenschaften profitieren, und so auf einem höheren Erfahrungsstand beginnen dürfen, als ihre Vorgänger.

Das ist die Veränderung, die uns als Evolution bekannt ist. Und solange dabei die Nachhaltigkeit mitwirkt, wird es gutkommen. Erst wenn uns der Sinn für Nachhaltigkeit gänzlich genommen wird, müssen wir uns fürchten um das, was kommen mag.

Aber so wie das Geschenk des Lebens, dürfen wir auch auf das Geschenk zählen, dass es so etwas wie Nachhaltigkeit gibt, und dass der Mensch sie zu erfassen vermag, weil er eben mehr ist, als dass er selbst zu glauben wagt.

Nachhaltig ist es, zu erkennen, dass man als Teil des Ganzen in sich selbst das Samenkorn der Nachhaltigkeit trägt. Zum Glück des Seins führt es, wenn man dieses Samenkorn so lange hegt und pflegt, dass es zur Blüte kommt und schliesslich Früchte tragen darf.

Und weil sich Menschen schon immer ab schönen Dingen auf Erden erfreut haben, wird auch die Blüte der Nachhaltigkeit, die aus uns heraus erwächst, nicht unbemerkt bleiben.

Ja, wir wirken als Seelenwesen nachhaltig, wenn wir auf Nachhaltigkeit setzen, weil dies auf natürliche Weise den göttlichen Funken in uns zum Leuchten bringt.

24 Schlusswort

Man kann sich fragen, ob dieses Büchlein hier in der richtigen Buchserie erscheint. Denn es würde auch sehr gut in die Reihen *«Spirituelles Wissen»* oder *«Gesellschaft verstehen»* hineinpassen.

Aber wenn wir uns der Nachhaltigkeit von der philosophischen Seite her annähern, so dürfen wir womöglich auf mehr Objektivität und somit auf auch auf mehr Unbefangenheit zählen, als wenn wir den spirituellen oder soziologischen Weg wählen würden.

Wie dem auch sei: Nachhaltigkeit ist eine gemeinhin weit unterschätzte Grösse. Und somit liegen all diejenigen, die auf Nachhaltigkeit setzen, nicht falsch in ihrem Tun.

Wichtig ist nur, dass wir Nachhaltigkeit nicht fordern, sondern dass wir sie selbst anstreben. Denn nur diese Vorgehensweise kann nachhaltig wirken.

Dem ist wohl so, weil wir nur uns selbst mit all den Teilbereichen verbinden können, die uns Nachhaltigkeit in ihrer tiefgreifenden Bedeutung für die Welt erkennen und verstehen lassen. Jemand anderem zu befehlen, er solle Sinn und Nutzen von Nachhaltigkeit erkennen und verstehen, kann niemals funktionieren.

Und so wird einmal mehr erkennbar, dass Nachhaltigkeit auch in sich selbst durch und durch nachhaltigen Grundsätzen entspricht: Sie braucht Zeit, um sich aufzubauen und zu wirken, aber wenn sie wirkt, dann wirkt sie langfristig und ohne zu verletzen.

Der Autor ist dankbar für alles, was auf nachhaltige Weise getan wird. Denn er selbst hat davon so oft profitieren dürfen, dass man ihm auf selbstlose Weise etwas gelehrt oder erklärt hat, was dann seine Wirkung entfalten durfte. Und wenn der Autor heute in der Lage ist, Bücher wie dieses hier schreiben zu können und schreiben zu dürfen, dann nur, weil er, schon bevor er darüber Bescheid wusste, unbewusst auf Nachhaltigkeit gesetzt hat.

Nachhaltigkeit dürfte also uns allen innewohnen, als eine Art Geschenk, welches wir als Rüstzeug mit auf unseren Lebensweg erhalten haben.

Und nur weil es Leserinnen und Leser gibt, die die Bücher des Autors kaufen und lesen, konnte aus einer anfänglichen Idee eine nachhaltig wirkende Unternehmung werden; eben der Verlag denkmalnach.ch mit seinen Gesamtwerken 1 bis 3.

Herzlichen Dank dafür, dass auch Sie intuitiv auf die in Ihnen gründende Nachhaltigkeit setzen und Bücher lesen, die durch ihre Wirkung die Menschheit in ihrer Entwicklung vorantragen helfen!

Hinweis

Die Inhalte dieses Buches stammen von *Maximilian von Morgenstern*. Dieser Name ist ein Pseudonym für jemanden, der es vorzieht, nicht in die Öffentlichkeit treten zu müssen.

Daher wurde das Buch vom Autor Michael von Känel geschrieben und veröffentlicht. Und einmal mehr durfte dieser vieles lernen. Dafür, und für all das, was diesem Buch zugrunde liegt, dankt der Autor im Namen der Autorengemeinschaft des Verlages denkmalnach.ch

Anmerkung

Zwar hat der Autor in diesem Büchlein hier für seine Verhältnisse erstaunlich häufig beide Sprachformen verwendet, um sich an Frau und Mann zu wenden. Er tat dies insbesondere dort, wo er sich direkt mit der Leserschaft in Verbindung setzte.

Ansonsten aber ist dieses Buch kein gutes Beispiel in Bezug auf die Einhaltung der formellen Vorgaben, was die Gleichstellung von Frau und Mann anbelangt. Immer dann, wenn man möglichst vielen Parteien und Aspekten gerecht werden will, verlässt man die Spur der Nachhaltigkeit und verzettelt sich. So dass schliesslich alles darunter leidet.

Darum hat der Autor bei der Formulierung die Priorität auf die Verständlichkeit, nicht auf die Formalitäten gelegt. Er bittet dafür um Entschuldigung. Auch er hinterlässt bei allem, was er tut, einen Fussabdruck. Damit sich dieser etwas achtsamer in die Gesellschaft einzufügen vermag, hier einmal mehr eine Richtigstellung der Absichten – auf, dass diese in ihrer Wirkung in allen bereits veröffentlichten Büchern den Grundsätzen der Nachhaltigkeit zu entsprechen vermögen…

Titelverzeichnis des Verlags denkmalnach.ch

Die Titel sind wie folgt erhältlich:

- Als **Taschenbuch** zurzeit nur bei **amazon.de**
- Als **E-Book** im *Kindle*-Format bei **amazon.de** und immer mehr auch als *ePub* für **Tolino** bei **Weltbild, Thalia, Hugendubel etc**.
- Teilweise als **Hörbuch** bei fast allen Anbietern

Verlag: www.denkmalnach.ch

Autor und Suchbegriff: Michael von Känel

Bücher der Reihe *Spirituelles Wissen*:

	Meditieren *Eine Annäherung an Sinn und Zweck des Meditierens*
	Heilen *Ein Crashkurs in energetischem Heilen*

	## Heilen 2 *Unterstützende Ausführungen zum Crashkurs energetisches Heilen*
	## Heilen 3 *Anwendungsbeispiele mit Skizzen zum Crashkurs energetisches Heilen*
	## Heilen 4 *Grundsätze der Energiearbeit und des energetischen Heilens*
	## Heilen 5 *Veranschaulichungen von Heilprozeduren und Heilungsprozessen*
	## Sterben *Der Tod als unsere wahre Lebensversicherung*
	## Der Antichrist *Der Versuch über unser Ego den Teufel zu erklären*
	## Die innere Stimme *Wie wir uns von ihr führen lassen und ihr vertrauen lernen können*

Bücher der Reihe *Gesellschaft verstehen*:

	## Leben statt Arbeiten *Wofür es sich zu arbeiten lohnt und wofür nicht*
	## Selbstwirksamkeit *Wie uns der gekaufte Komfort unserer Selbstbestimmung beraubt hat*
	## Moderne Versklavung *Wie und wodurch wir täglich versklavt werden*
	## Die Illusion wegessen *Überlegungen darüber, wie unsere Ernährung uns blendet*
	## Tricks aus der Chefetage *Kaderbildung aus Sicht der Mitarbeitenden – und was es sonst noch über Hierarchien zu lernen gibt*
	## Verbundenheit *Ein möglicher Einblick in die Welt des Seins*

	Was einen Menschen ausmacht *Über die innere Schönheit im aussen*
	Das Veilchen am Wegrand *Warum die Liebe im Detail steckt*
	Menschenwürde *Wir spiegeln uns in denen um uns herum*
	Brave new World *Die utopische Welt der Gutgläubigen*
	Das harmonische Dreieck *Sich selbst und dadurch die Welt verändern*

Bücher der Reihe «*Augenmerk Hochsensibilität*»:

	Band 1 – Portrait eines hochsensiblen Menschen *Einblick in den Werdegang und die Erfahrungen eines feinfühligen Menschen*

	Band 2 – Die Wahrnehmung eines hochsensiblen Menschen *Wie und was hochsensible Menschen wahrnehmen können und warum*
	Band 3 – Hochsensibilität in Verbindung mit Achtsamkeit *Was alles möglich wäre aus Sicht eines hochsensiblen Menschen*

Bücher der Reihe *«Vision 3000»*:

	Vision 3000 Band 1 – Die Welt ist im Wandel *Es stehen Veränderungen an…*
	Vision 3000 Band 2 – Veränderungen machen uns zu schaffen *Neue Denkansätze helfen*
	Vision 3000 Band 3 – Neue Denkansätze sind gefragt *Der Mensch hat das Potenzial zu antworten*

Romanserie mit spirituellem Hintergrund *Tränen des Drachen*:

	Tränen des Drachen – Band 1 *Comfortably numb – Angenehm berauscht*

	Tränen des Drachen – Band 2 *Seventh Son of a seventh Son –* *Der siebte Sohn des siebten Sohnes*
	Tränen des Drachen – Band 3 *Stairway to Heaven – Die Himmelsleiter*
	Tränen des Drachen – Band 4 *Child in Time –Ein Kind der Zeit*
	Tränen des Drachen – Band 5 *Warriors of the World – Krieger der Erde*
	Tränen des Drachen – Band 6 *The Good, the Bad and the Ugly –* *Der Gute, der Böse und das Hässliche*
	Tränen des Drachen – Band 7 *Holy Diver – Geweihter Taucher*

Serie *Philosophie und Bildung*:

	Philosophie und Bildung – Band 1 *Die Quadratur des Kreises* *20 Aufsätze zu Alltagsthemen – Neue Denkansätze für frische Köpfe*
	Philosophie und Bildung – Band 2 *Vom Blitz getroffen* *20 weitere Aufsätze zu Alltagsthemen – Neue Denkansätze für frische Köpfe*
	Philosophie und Bildung – Band 3 *Schwarzer Diamant* *20 weitere Aufsätze zu Alltagsthemen – Neue Denkansätze für frische Köpfe*
	Die kleine Maus *20 Naturgeschichten zum Nachdenken für Kinder und Erwachsene*
	Richtig (v)erziehen *Warum lieb sein zu Kindern böse ist*
	Lehrermangel *Warum der Lehrerberuf so anstrengend ist*

	Sich selbst sein *Auf dem Weg in die persönliche Unabhängigkeit*
	Selbstermächtigung *Der Weg über Selbstwirksamkeit und Selbstbestimmung zu Unabhängigkeit und Freiheit*
	Nachhaltigkeit *Über Wissen und Willen die Umwelt schützen*

Serie *Arbeitsbücher der Achtsamkeit*:

	Arbeitsbuch der 7 Schlüssel *Charakterbildung leicht gemacht – Der Weg ans Licht*
	Arbeitsbuch der Wahrheit *Warum Lügen kurze Beine haben*
	Arbeitsbuch des Beobachtens und Wahrnehmens *Lernen zu entdecken, zu erkennen und zu begreifen*

Serie *Übungsbücher der Achtsamkeit*:

	Übungsbuch der Spiritualität *30 Übungen zum Erfahren spiritueller Aspekte*
	Übungsbuch der Achtsamkeit *30 Übungen zum Erfahren, Beobachten und Wertschätzen*
	Übungsbuch der Selbstwirksamkeit *30 Übungen zum Erkennen, was möglich sein könnte*

Serie *The Best - The Rest – The Rare*:

	Harry Potter enthüllt *Eine spirituelle Erklärung für den Erfolg der erfolgreichsten Buchreihe aller Zeiten*
	Gesammelte Gedichte *40 gesammelte Gedichte mit Tiefgang, aus der Feder der Autorengemeinschaft* *www.denkmalnach.ch*
	E-Bike to work *Wie das Elektrovelo mein Leben verändert hat*
	Ein Quantum Trost *Für jeden Tag ein Bild und eine Aussage, um sich an die Hoffnung zu erinnern*

30 Dos and Don'ts
Warum wir Dinge tun sollten und warum nicht

Die Tribute von Panem enthüllt
Was wir durch die Hungerspiele über unsere Gesellschaft lernen können

Bücher der Reihe *Erfolgreich durchs Leben*:

Bereits komplett **als Hörbuch** erhältlich!

Teil 1 - Erfolgreich leben 1: Lernen mit Geld umzugehen; *Grundwissen über Geld und den Umgang damit als Basis für mehr Selbstwirksamkeit*

Teil 2: Erfolgreich leben 2: Selbstsicherheit aufbauen; *Hinstehen und ohne Unsicherheit sich selbst sein dürfen*

Teil 3: Erfolgreich leben 3: Effizient Lernen; *Grundsätze des Lernens, die den Wissenserwerb erleichtern helfen*

Teil 4: Erfolgreich leben 4: Sich Ziele setzen können; *Warum man Ziele nur erreichen kann, wenn man welche hat*

	Teil 5: Erfolgreich leben 5: Absichten durchschauen; *Was hinter dem Verhalten anderer Menschen und Institutionen steht*
	Teil 6: Ursache und Wirkung 1: Übergewicht verstehen; *Wie Übergewicht zustande kommt - und was man tun kann*
	Teil 7: Ursache und Wirkung 2: Streit entlarven; *Warum gestritten wird und wie man Streit vermeidet*
	Teil 8: Ursache und Wirkung 3: Trägheit ablegen; *Wie man den Weg zu einem aktiv gestalteten Leben findet*
	Teil 9: Ursache und Wirkung 4: Überdruss loswerden; *Lernen, die Dinge in einem positiven Licht zu erblicken*
	Teil 10: Ursache und Wirkung 5: Mangel beheben; *Vom inneren Mangel, der zu äusseren Mangelerscheinungen führt*
	Teil 11: Glücklich leben 1: Freundlichkeit und Anstand; *Wie uns freundlicher und guter Umgang die Türen öffnet*
	Teil 12: Glücklich leben 2: Dankbarkeit; *Warum Dankbarkeit die Grundlage für ein glückliches Leben ist*

	Teil 13: Glücklich leben 3: Hilfsbereitschaft; *Was unsere Hilfe für andere Menschen bedeutet*
	Teil 14: Glücklich leben 4: Nächstenliebe; *Warum Nächstenliebe bei Selbstliebe beginnt und uns so das Glück finden lässt*
	Teil 15: Glücklich leben 5: Ethik und Moral; *Warum die ungeschriebenen Gesetze des Zusammenlebens für unser Glück so wichtig sind*

Bücher der Reihe *Die Wirkung von... :*

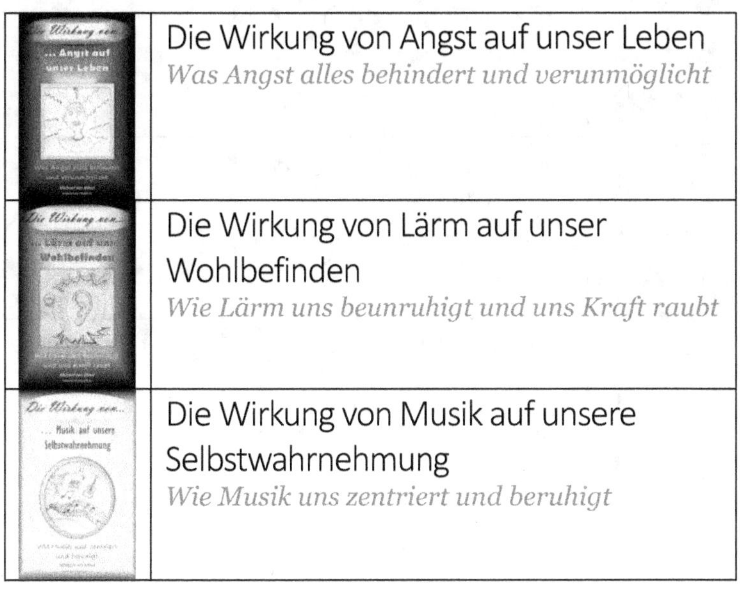

	Die Wirkung von Angst auf unser Leben *Was Angst alles behindert und verunmöglicht*
	Die Wirkung von Lärm auf unser Wohlbefinden *Wie Lärm uns beunruhigt und uns Kraft raubt*
	Die Wirkung von Musik auf unsere Selbstwahrnehmung *Wie Musik uns zentriert und beruhigt*

	Die Wirkung von Bildschirmkonsum auf unser Leistungsvermögen *Wie Bildschirme uns ablenken und unsere Leistung senken*
	Die Wirkung von Sport und Bewegung auf unsere Ausgeglichenheit *Was Sport bewirkt und wann er nützt*
	Die Wirkung von Mode auf unsere Selbstachtung *Wie Mode uns beeinflusst und fremdbestimmt*
	Die Wirkung von Gewohnheit auf unsere Lebensführung *Was Gewohnheiten uns geben - und was sie uns nehmen*
	Die Wirkung von Wasser auf unsere Gesundheit *Wie Wasser nicht nur unseren Durst stillt*
	Die Wirkung von guter Luft auf unseren Körper *Wie frische Luft uns beflügelt*

Die Wirkung von Reisen auf unsere Konzentration

Wie Reisen und Pendeln uns müde machen

Die Klappentexte zu den einzelnen Büchern sowie die Serienbeschreibungen sind in den Online-Shops beim jeweiligen Titel aufrufbar.

Verlag: www.denkmalnach.ch

Autor: Michael von Känel

Herzlichen Dank, dass Sie den Verlag unterstützen und weiterempfehlen!